U0644837

星云法语

生活·读书·新知 三联书店

03

身心的安住

广学

星云大师 著

图书在版编目(CIP)数据

身心的安住:广学/星云大师著. —北京:生活·读书·新知三联书店,
2015.5

(星云法语)
ISBN 978 - 7 - 108 - 05222 - 3

Ⅰ.①身…　Ⅱ.①星…　Ⅲ.①佛教－人生哲学－通俗读物
Ⅳ.①B948－49

中国版本图书馆 CIP 数据核字(2015)第 020173 号

责任编辑　罗　康
封面设计　储　平
责任印制　卢　岳　张雅丽
出版发行　生活·讀書·新知 三联书店
　　　　　(北京市东城区美术馆东街 22 号)
邮　　编　100010
印　　刷　三河市嘉科万达彩色印刷有限公司
版　　次　2015 年 5 月北京第 1 版
　　　　　2015 年 5 月北京第 1 次印刷
开　　本　880 毫米×1230 毫米　1/32　印张　7.75
字　　数　166 千字
印　　数　00,001—12,000 册
定　　价　28.00 元

总序　十把钥匙

星云大师

《星云法语》是我在台湾电视公司、"中国电视公司"、"中华电视公司"三十年前的"三台时代",为这三家电视台所录像的节目。后来在《人间福报》我继《迷悟之间》专栏之后,把当初在三家讲述的内容,再加以增补整理,也整整以三年的时间,在《人间福报》平面媒体与读者见面。

因为我经年累月云水行脚,在各地的佛光会弘法、讲说,断断续续撰写《星云法语》,偶有重复,已不复完全记忆。好在我的书记室弟子们,如满义、满观、妙广、妙有、如超等俄而提醒我,《人间福报》的存稿快要告罄了,由于我每天都能撰写十几则,因此,只要给我三五天的时间,我就可以再供应他们二三个月了。

像这类的短文,是我应大家的需要在各大报纸、杂志上刊登,以及我为徒弟编印的一些讲义,累积的总数,已不下两千万字了。《星云法语》,应该说是与《迷悟之间》、《人间万事》同一性质的短文,都因《人间福报》而撰写。承蒙读者鼓励,不少人希望结集成书,香海文化将这些文章收录编辑,文字也有百余万字,共有十集,分别为:一、精进;二、正信;三、广学;四、智慧;五、自觉;六、正见;

七、真理；八、禅心；九、利他；十、慈悲。

这套书在《人间福报》发表的时候，每篇以四点、六点，甚至八点阐述各种意见，便于记忆，也便于讲说，有学校取之作为教材。尤其我的弟子、学生在各处弘法，用它作为讲义，都说是得心应手。

承蒙民视电视台也曾经邀我再比照法语的体裁，为他们多次录像，并且要给我酬劳。其实，只要有关弘法度众，我都乐于结缘，所以与台湾的四家无线电视台都有因缘关系。而究竟《星云法语》有多大的影响力，就非我所敢闻问了。

承蒙知名学者李家同教授、洪兰教授、台中胡志强市长，以及善女人赵辜怀箴居士，为此套书写序，一并在此致谢。

是为序。

于佛光山开山寮

推荐序一　宗教情怀满人间

李家同

星云大师的最新著作《星云法语》十册套书，香海文化把部分的文稿寄给我，邀我为序。8月溽暑期间，我自身事务有些忙碌；但读着文稿里星云大师的话，却能感觉到欢喜清凉。

《星云法语》里面有一篇我很喜欢，其中写道："要有开阔包容的心胸、要有服务度生的悲愿、要有德学兼具的才华、要有涵养谦让的美德。"

多年来我从事教育工作，希望走出狭义的精英校园空间，真正帮忙各阶层弱势学生。看着莘莘学子，我想我和星云大师的想法很接近吧，就是教育一定要在每个角落中落实，要让最弱势的学生，能个个感受到不被忽略、不受到城乡资源差别待遇。

青年教育的目的，不就是教育工作者，希望能教养学生，成为气度恢弘的国民吗？

为勉励青年，星云大师写下"青年有强健的体魄，应该发心多做事，多学习，时时刻刻志在服务大众，念在普度众生，愿在普济社会"。

星云大师的话，让我想起《圣经》里的箴言：

"有了信心，又要加上德行；有了德行，又要加上知识；有了知识，又要加上节制；有了节制，又要加上忍耐；有了忍耐，又要加上虔敬；有了虔敬，又要加上爱弟兄的心；有了爱弟兄的心，又要加上爱众人的心。"(《圣经·彼得后书》)

宗教情怀，就是超越一切的普济精神。人间的苦难，如果宗教精神无以救济，那么信仰宗教毫无意义。不论是佛陀精神，或是基督精神，以慈爱的心处世，我想原则上没有什么不同。尤其是青年人，更应细细体会助人爱人的真谛，在未来起着社会中坚的作用。这样，我们现在办的教育，才真正能教养出"德学兼具"的青年，让良善能延续，社会上充满不汲汲于名利，助人爱人的和谐气氛。

香海文化出版的《星云法语》，收录了精彩法语共计 1080 篇，每一篇均意味深长，适合所有人用以省视自己，展望未来。"现代修行风"不分基督、佛陀，亲切的圣人教诲，相信普罗大众都很容易心领神会。

如今出版在即，特为之序。

（本文作者为台湾暨南大学教授）

推荐序二　安心与开心

洪　兰

在乱世，宗教是人心灵的慰藉，原有的社会制度瓦解了，一切都无法制、无规章，人民有冤无处伸，只有诉诸神明，归诸天意，以求得心理的平衡。所以在东晋南北朝时，宗教盛行，士大夫清谈，把希望寄托在另一个世界。历史证明那是不对的，这是一种逃避，它的结果是亡国。智者知道对现实的不满应该从改正不当措施做起，众志可以成城，人应该积极去面对生命而不是消极去寄望来生。星云大师就是一个积极入世的大师，他在海内外兴学，风尘仆仆到处弘法，用他的智慧来开导世人，他鼓励信徒从自身做起，莫以善小而不为，当每个人都变好时，这个社会自然就好了。这本书就是星云大师的话语集结成册，印出来嘉惠世人。

人在受挫折、有烦恼时，常自问：人生有什么意义，活着干什么？大师说，人生的意义在创造互惠共生的机会，这个世界有因你存在而与过去不同吗？科学家特别注重创造，就是因为创造是没有你就没有这个东西，没有莫扎特就没有莫扎特的音乐，没有毕加索就没有毕加索的画，创造比发现、发明的层次高了很多，人到这个世上就是要创造一个双赢的局面，不但为己，也要为人。英文谚语有一句：Success is when you add the value to yourself. Significance is when you add the value to others. 只有对别人也有利时，你的成功才是成功。所以大师说，生命在事业中，不在岁月上；在思想中，不在气息上；在感觉中，不在时间上；在内涵中，不在表相上。这是我所看到谈生命的意义最透彻的一句话。

挫折和灾难常被当作上天的惩罚，是命运的错误；其实挫折和灾难本来就是人生的一部分，不经过挫折我们不会珍惜平顺的日子，没有灾难不会珍惜生命。人是高级动物，是大自然中的一分子，不管怎么聪明、有智慧，还是必须遵行自然界的法则，所以有生必有死，完全没有例外。但是人常常参不透这个道理，历史上秦始皇、汉武帝这种雄才大略的人也看不到这点，所以为了求长生不老，倒行逆施，坏了国家的根基，反而是修身养性的读书人看穿了这点。宋代李清照说"今手泽如新，而墓木已拱……然有有必有无，有聚必有散，乃理之常。人亡弓，人得之，又胡足道"。看透这点，一个人的人生会不一样，既然带不走，就不必去收集，应该想办法去用有限的生命去作出无限的功业。

一个入世的宗教，它给予人希望，知道从自身做起，不去计较别人做了什么，只要去做，世界就会改变。最近有法师用整理回收物的方式带信徒修行，他不要信徒捐献金钱，但要他们捐献时间去回收站做义工，从行动中修行。我看了这个报道真是非常高兴，因为研究者发现动作会引发大脑中多巴胺（dopamine）这个神经传导物质的分泌，而多巴胺跟正向情绪有关，运动完的人心情都很好，一个跳舞的人即使在初跳时，脸是板着的，跳到最后脸一定是笑的。所以星云大师劝信徒，从动手实做中去修行是最有效的修行，对自己对社会都有益。

在本书中，大师说生活要求安心，心安才能体会人生的美妙，才听得到鸟语，闻得到花香，所以修行第一要做到心安，既然人是群居的动物，必须要和别人往来，因此大师教导我们做人的道理，列举了人生必备的 10 把钥匙，书的最后两册是要大家打开心胸，利他与慈悲，与一句英谚 You can give without loving, you can never love without giving 相呼应。不论古今中外，智者都看到施比受更有福。

希望这套书能在目前的社会中为大家浮躁的心灵注入一股清泉，人生只要心安，利人利己地过生活，在家出家都一样在积功德了。

（本文作者为台湾阳明大学神经科学研究所教授）

推荐序三　法钥匙神奇的佛

胡志强

星云大师，是我一直非常尊敬与佩服的长者。

长久以来，星云大师所领导主持的佛光山寺与国际佛光会，闻声救苦，无远弗届，为全球华人带来无尽的希望与爱。

大师的慈悲智慧与宗教情怀，让许多人在彷徨无依时，找到心灵的依归。另一方面，我觉得大师潇洒豁达、博学多闻，无论是或不是佛教徒，都能从他的思想与观念上，获得启迪。

星云大师近期出版的《星云法语》，收录了大师 1080 篇的法语，字字珠玑，篇篇隽永。

我很喜欢这套书以"现代佛法修行风"为诉求，结合佛法与现代人的生活，深入浅出地阐释。尤其富有创意的是，以十册"法语"打造了十把"佛法钥匙"，打开读者心灵的大门，带领我们从不一样的角度，去发现与体会生活中的点点滴滴。

以《旅游的意义》这篇文章为例：

"……就像到美国玩过，美国即在我心里；到过欧洲度假，欧洲也在我心里，游历的地区愈丰富，就愈能开阔我们的心灵视野。

当我们从事旅游活动时，除了得到身心的纾解，心情的愉悦之外，还要进一步获得宝贵的知识。除了外在的景点外，还可以增加一些内涵，作一趟历史文化探索之旅，看出文化的价值，看出历史的意义。

比方这个建筑是三千年前，它历经什么样的朝代，对这些历史文化能进一步赏析后，那我们的生命就跟它连接了。"

"我们的生命就跟它连接了"这句话，让我印象十分深刻，生动描述了"读万卷书，行万里路"，正是一种跨越时空的心灵宴飨。

在《快乐的生活》一文中，大师指点迷津。他说："名和利，得者怕失落，失者勤追求，真是心上一块石头，患得患失，耿耿于怀，生活怎么能自在？"

因此"身心要能健康，名利要能放下，是非要能明白，人我要能融和"。

在《欢喜满人间》这篇文章中，大师指出：人有很多心理的毛病，例如忧愁、悲苦、伤心、失意等。佛经形容人身难得如"盲龟浮木"，一个人在世间上一年一年地过去，如果活得不欢喜，没有意义，那又有什么意思？如何过得欢喜、过得有意义？

他提出几点建议："要本着欢喜心做事，要本着欢喜心做人，要本着欢喜心处境，要本着欢喜心用心，要本着欢喜心利世，要本着欢喜心修行。"

看到此处，我除了一边检视自己在日常生活中做到了多少？另一方面，也希望把"欢喜心"的观念告诉市府同仁，期许大家在服务市民时认真尽责之外，还能让民众体会到我们由衷而发的"欢喜心"。

而《传家之宝》一篇中所提到的观点，也让为人父母者心有戚戚焉。

大师说：一般父母，总想留下房屋田产、金银财富、奇珍宝物给子女，当作是传家之宝；但是也有人不留财物，而留书籍给予子女，或是著作"家法""庭训"，作为家风相传的依据。乃至禅门也有谓"衣钵相传"，以传衣钵，作为丛林师徒道风相传的象征。

他认为"传家之宝"有几种：包括宝物、道德、善念与信仰。到了现代，书香、善念、道德、信仰更可以代替钱财的传承，把宗教信仰传承给子弟，把善念道德传给儿孙，把教育知识传给后代。

"人不能没有信仰，没有信仰，心中就没有力量。信仰宗教，如天主教、基督教、佛教等，固然可以选择，但信仰也不一定指宗教而已，像政治上，你欢喜哪一个党、哪一个派、哪一种主义，这也是一种信仰；甚至在学校念书，选择哪一门功课，只要对它欢喜，这就是一种信仰。有信仰，就有力量，有信仰，就会投入。能选择一个好的宗教、好的信仰，有益身心，开发正确的观念，就可以传家。"

细细咀嚼之后，意味深长，心领神会。

星云大师一千多篇好文章，深刻而耐人寻味，我在此只能举出其中几个例子。很感谢大师慷慨分享他的智慧结晶，让芸芸众生也有幸获得他的"传家之宝"。

在繁忙的生活中，每天只要阅读几篇，顿时情绪稳定、思考清明、心灵澄静。有这样的好书为伴，真的"日日是好日"！

（本文作者为台中市市长）

推荐序四　人生的智慧和导航

赵辜怀箴

我一直感恩自己能有这个福报，多年来能跟随在大师的身边，学习做人和学习佛法。每一次留在大师身边的日子里，都可以接触到许多感动的心，和感动的事；每一次都会让我感觉到，这个世界真的是非常的可爱。

大师说：他的一生就是为了佛教。这么多年来，大师就这样循循地督促着自己，为此，马不停蹄地一直在和时间做竞跑。大师的一生，一向秉持着一个慈悲布施、以无为有的胸怀，做大的人，做大的事。如果想要问大师会不会和我们一样斤斤计较？我想他唯一真正认真计较的事，就是，对每一天的每一分和每一秒吧！

在大师的一生里，大师从来不允许自己浪费任何一分一秒的时间；无论是在跑香、乘车、开会、会客或者进餐；大师永远都是人在动，心在想，手在做，眼观六路，耳听八方，把 1 分钟当 10 分钟用；在高效率中不失细腻，细腻中不失大局，大局中不失周全；周全里，充满了的是大师对每一个人无微不至的关怀和体贴。

大师自从出家以来，只要是为了弘法，大师从来不会顾及自己的健康和辛苦，数十年如一日，南奔北走，不辞辛劳地到处为信徒开示演讲；只要有多余的时间，大师就会争取用来执笔写稿；年轻时也曾经为了答应送一篇文稿给出版社，连夜乘坐火车，由南到北。大师从年轻时就非常重视文化事业，大师也坚信用文字来度众生的重要。大师一生一诺千金，独具宏观，不畏辛苦，忍辱负重，在佛教界树立了优良的榜样，对现代佛教文化事业得以如此的发达，具有相当肯定的影响力。到目前为止，大师出版的中英文书籍，已经不下数百本。

记得在20世纪60年代的时候，大师鉴于电视弘法不可忽视的力量，即刻决定要自己出资，到电视公司录制作晚上8点档的《星云法语》，使其成为台湾第一个在电视弘法的节目。我记得大师的《星云法语》是在每天晚间新闻之后立即播出，播出的时间是5分钟，节目的制作，既"精"又"简"。节目当中，配合着简单明了的字幕，听大师不急不缓地娓娓道来，让观众耳目一新，身心受益。

这个节目播出之后，立即受到广大观众的喜爱和回响。大师告诉我，在节目播出之后不久，由于收视率很好，电视公司自动愿意出资，替大师制作节目；大师从此不但有了收入，也因此多了一个电视名主持人的头衔。这个《星云法语》的电视节目，也就是今天所出版的《星云法语》的前身。

佛光山香海文化公司精心收录的《星云法语》即将出版。这一条佛法的清流，是多年来星云大师为了这个时代人心灵的需求，集思巧妙地运用生活的佛教方式，传授给我们无边的法宝。每一篇，每一个法语，星云大师都透过对细微生活之间的体认，融合了大师在佛法上精深的修行智慧。深入浅出地诠释，高明地把佛法当中的精要，很自然地交织在生活的细致之间，用生活的话，明白地说出现代佛法的修行风范，让读者有如沐浴在法语春风之中的感觉，很自然地呼吸着森林里散发出来的清香，在每一个心田里默默地深耕着。等待成长和收割的喜悦，沐浴着太阳和风，是指日可待的。

今承蒙香海文化公司的垂爱，赐我机会为《星云法语》套书做序，让我实在汗颜；几经推辞，又因香海文化公司的盛情难却，只有大胆承担，还请各位前辈、先学指正。我在此恭祝所有《星云法语》的读者，法喜充满。

（本文作者为国际佛光会世界总会理事）

目　录

卷一　佛教的理念

卷二　心的管理

卷三　如何日日增上

卷一 ｜ 佛教的理念

现在，佛教从山林走入社会，

从寺院扩及家庭，将佛法落实于人间，

使每个人生活美满、家庭幸福，

群我之间和睦友善。

佛教的理念

常有人问,佛教义理浩瀚广大,若简而言之,什么是佛教的理念?过去,佛教注重深居山林的出世形式,现在,佛教从山林走入社会,从寺院扩及家庭,将佛法落实于人间,使每个人生活美满、家庭幸福,群我之间和睦友善。佛教是以人为本的宗教,从过去到现在,有着不变的理念,即:

第一,佛教的主旨是造福人类

佛陀降诞于世间,就是为了"示教利喜",以利他为本怀,开示众生解脱之道,引导众生入佛知见,而减少烦恼,增福修慧,让众人能见证法喜安乐,永断烦恼,远离无明。所以佛教是以出世的精神,做入世的事业,希望带给人间和平富足,让众生得到现世的幸福安乐。

第二,佛教的准则是慈悲平等

佛教提倡慈悲,这种慈悲是无偏私的关爱,无对待的包容,是平等的慈悲。虽然社会上常呼吁要发挥爱心,但是在实施时,难免会有偏颇,而成为有条件、有拣择、有对等交易的付出。真正的慈悲应该具有"无缘大慈,同体大悲"的精神,也就是予人快乐,拔人痛苦时，不一定彼此间要有关系，即使素昧平生，对方有了困难，就应无条件地帮忙，这就是平等对待的慈悲。

第三，佛教的目标是融和欢喜

人与人相处，常因为意见分歧，或个性、习惯的差异，造成彼此互相排挤，族群之间的摩擦，国家之间的对立也是如此。佛教主张"同中存异，异中求同"，不同同之谓之大，此"大"便是一种融和、包容的雅量。国家能够融和各族群、各团体、各党派，必定能祥和富强，世界上每个国家能够融和，必定能和平无争，皆大欢喜。

第四，佛教的理想是净化人间

现今社会世风日下，人心充斥贪婪邪见，就是因为佛法未能普及。如果佛教能普遍弘传，则可以补法律之不足，使每一个人心存道德观念，遵守法治规范，不为非作歹，而利己利人，能如此，建设人间净土就不难矣。人间净土人人和善，没有人我是非，没有阶级差别，也没有政治破坏，是一个彼此尊重包容、安和乐利的净土。

佛教的理念，是让每个人能去除痛苦，得到快乐；离开虚妄，回到真实；扫除杂染，重拾清净，这种安身立命的理想境界，就是佛教的理念。

佛教的特质

常有人说，所有的宗教都是劝人为善，都是一样的。其实，宗教虽有共通处，但也有不共通的，这就好比哲学、科学、文学、医学……各种学科，对人类都是有益的，但是这些学科也各有其不同的特质。在各个宗教中，佛教的特质有哪些呢？以下列出四点：

第一，具有因果的理则

因果是一切道理的原则，《瑜伽师地论》卷三十八说："已作不失，未作不得。"种什么因，得什么结果，揭示了佛教因果论的特点。宇宙人生的一切，彼此相依相待而存在，万事万物都是仗"因"托"缘"，才有"果"的生起，此"果"又成为"因"，等待缘聚合又生他果，相依相摄，森罗万象、无穷无尽。

第二，具有缘起的中道

从因到果之间还有个"缘"。好比种子种下去，还要有阳光、空气、水分才能结果。世间上万事万物都是有缘才能生起，彼此关系相依相存，是不能单独存在的，一旦组成的因缘散失，也就不复存在了。认识缘起，就会知道人生祸福、好坏皆是自己所造，非有他力可以主宰，唯有自己才是自己的主人，如此必能帮助我们把握人生的方向，认识人生的意义。

第三，具有业感的润生

"假使百千劫，所作业不亡；因缘会遇时，果报还自受。"一颗种子收藏在家里，它不会生长，但假如把它放在泥土里，它有了因缘，受到滋润，就会发芽、结果。同样的，一个人的身口意所造作的业，无论是善、恶，说一句话、做一件事，都会有果报的。做好事，会有好的业感，做坏事，有恶的业感，一不小心做了坏事，有坏的业感也不要恐惧，受报等于有期徒刑，受报以后还会再回来。因此，认识因果业感，就能为自己负责，创造幸福。

第四，具有空有的一如

《心经》说："空"即是色，色即是"空"，讲的就是"空有一如"。许多人把"空"和"有"分开，其实"空"和"有"不是两个，而是一个，等于一体的二面。"空、有"好比大海的波浪，风平浪静时候的海，是水，惊涛骇浪时候的海，也是水。波浪没有离开水，动没有离开静，有没有离开空；波水一体，动静一如，空有是不二的。

明白因果缘起，善知业感报应，才能明白人生的真实，懂得空有一如的道理，不再执着束缚，生命就会豁达开朗。

如何解脱自在

禅宗四祖道信问三祖僧璨禅师："如何解脱自在?"僧璨反问："谁缚汝?"此话可谓道破千古疑团。普天之下最能系缚我们的，不是别人，而是自己。当我们执着于金钱时，金钱就钳制我们的心志；当我们执着于权位时，权位就套牢我们的胸襟。自古以来，能从名枷利锁里解脱自在的，又有几人？提供以下四点解脱自在的方法：

第一，用平常心生活

平常心就是"不以物喜，不以己悲"的心境。在日常生活里，凡事不必标新立异、炫耀自我，用平常心，老老实实、本本分分的态度生活，也不必自觉怀才不遇，而愤世嫉俗。有，固然可以生活不忧；无，也可以放达自在。惠能大师的"本来无一物，何处惹尘埃"，就是一种平常心，有了平常心，生活里就不会因妄想而颠倒挂碍。

第二，用惭愧心待人

我们每天举心动念、待人处事，难免有缺失或不完美之处，若常怀惭愧心，就能清净我们的身口意，而远离烦恼。在待人接物里，随时想到："真惭愧！我对你没有贡献、没有帮助，对你还不够友爱。"如果能以此心待人，必能增加人我之间的友谊。

第三，用无住心接物

《金刚经》说："应无所住而生其心"，无住心好比出家生活，出家无家处处为家，又好比天上的太阳，住在虚空里，所以显其大、显其永恒。无住心，就是超越人我是非得失，对所有的事物，都能随情、随机、随缘。若用无住心接物，虽千钧加顶，也能举重若轻。

第四，用菩提心修道

我们要如何进德修业，培养健全的人格呢？用菩提心；菩提心就是上求佛道、下化众生的心。有了菩提心就有力量，对家人、社会、国家、众生，就有"上弘下化"的使命和责任，这就是用菩提心修道。

不放开脚步，无法向前迈进。我们要解脱自在，不但要学习放下，更需培养旷达的胸襟，能想得开，想得远，看得宽，看得大。历来诸佛菩萨与古今豪杰，哪一个不是为了大众福祉，而放下个人安逸，赴汤蹈火在所不辞。他们在让众生离苦得乐时，自己也获得了自在解脱。

合掌的意义

军人见到长官要敬礼，学生见到老师要问好；过去，晚辈见到长者要鞠躬，西洋人见面也要握手、甚至拥抱，这些都是一种心意的交流。合掌的意义也是这样。《华严经》云："合掌以为华，身为供养具；善心真实香，赞叹香烟布。"一合掌，给人感觉庄重、尊敬；一合掌，流露内心虔诚、谦虚。它蕴涵很多的意义，提出以下四点参考：

第一，制心一处

《佛遗教经》说："制心一处，无事不办。"一个合掌，是合十法界于一心，凝聚所有的心力。

在佛门行仪课程中，常会要求修道人要"合掌当胸如捧水"，即两只手合在胸口，好似捧水一般慎重敬谨。平常我们的心是分散的，现在一合掌，能把散乱惯了的心意集中起来，里外一如，就能时时集中，时时正念。

第二，端正庄严

许多人讲话手舞足蹈，眉飞色舞，坐没有坐相，站没有站相。但是，只要他一合掌起来，内心自然流露出庄严的气质，祥和平安，那份恬静端庄的威仪，肃穆摄受，让旁人见了，自己的行为举止，也不敢随便造次，烦躁的身心，自然安稳下来。

第三，情意交流

平时，有陌生人搭讪时，你可能会心生警戒；或是不熟悉的人，你对我什么心意，我对你什么感想，彼此都不知道是好意、坏意。但是，不论在哪里、什么时间，只要一个合掌，你就能感受到一份友好、一种和善，流露出礼貌、尊重、恭敬，这是一种人与人善意的交流。除此之外，合掌向佛，也是代表与圣者、真理交流接心，一次合掌，一次的品格道德，自然就升华起来了。

第四，虔诚祝福

合掌的双手，是世间最美的手，也是一种关心、祝福。比方我要对人好，你要表达感谢，都可用合掌表示。比方两人见面时，祝贺别人的生日寿诞，向人家说："新年恭喜""金榜题名""升官发财"，又如祝福别人"有情人终成眷属""家庭平安"等，经过合掌，彼此都增加好感。说再多的话，都不如双手合十表达内心的欢喜、诚意、感谢。透过合掌，人与人可以交心、互助、祝福。而悟到真理的人，禅心妙谛都在合掌中，我就是宇宙，宇宙就是我。合掌的意义，实在是无限。

正信之美

人是信仰的动物，人只要有生死问题，就会有信仰。说到信仰，有的人不假分辨，不去了解信仰的意义，只是一味地迷信。当然，迷信总比不信好；不信又比邪信安全。但是人最重要的是要有正信，才不会走错了路。正信不是随便乱信，正信就是所信仰的对象必须是有道德、有历史、有能力，在历史上记载着实有其人，而且具有清净的人格，能够指引我们、帮助我们解脱生死，否则我们信它做什么呢？所以，有了真正的信仰，人生会很美。

正信怎么美呢？有四个譬喻：

第一，正信如琴瑟妙音

人有了正信以后，自己的知见一正，所谓正知正见，每天耳中所听到的都是正当、真实、善美的话语与音声，犹如琴瑟之音一般美妙，自然能杜绝靡靡之音，而不会被邪魔外道扰乱了。

第二，正信如明镜照人

人有了正信，就好像拥有一面光明的镜子，自己的本来面目都能看得清清楚楚。尤其在正信的镜子里，一切是非、好坏、善恶、因果，都能明明白白地看个清楚，而不会无明地怨天尤人，如此自然懂得处理人生的一切得失。

第三，正信如大地安稳

人有了正信，可以引导我们的前途，让我们每一步路都如履平地般的安全、平稳。就好像在大地上兴建高楼，地基稳固，就很安全。反之，如果信仰错误，走上了邪信之路，则如临渊履薄，随时都有失足坠崖之患。所以，有了正信，就好像走在平稳的大地上，不致发生危险。

第四，正信如日月星光

人有了正信，就像宇宙间有了日月星光，能够带来光明、希望。有了正信的人，自然能开发内心的般若之光，时时刻刻都如日光般的朗朗照耀，又如月光般的清凉愉悦，人生何其美好！

有人质疑，信仰宗教能得到什么利益、好处？其实哪怕只是星星之光，也能引导我们知道东南西北，也能把黑夜点缀得很美。所以，正信对于每一个人的生活、心境，都有很重要的关系。

无常

佛教有一个非常好的真理，那就是"无常"，但是一般人都不喜欢听到，以为人生无常、世间无常、国土无常，什么东西都不长久，感到没有希望。其实，那是从消极上去解释。如果从积极面看，"无常"很好。比方，我没有学问，这不是天生注定，因为"无常"，只要我肯用功，肯努力向上，我慢慢会有学问。我很贫穷，没有关系，因为"无常"，只要我辛勤努力，我可以赚钱、我可以发财。什么是"无常"？以下四句偈说明：

第一，积聚皆消散

世间上的物质、钱财，不论积聚多少，终有散失用罄的时候，假如你过于执着放不下，那么积聚也仅仅作保存而已，无所功德，甚至还容易为它所役，患得患失，苦恼不已。反之，倘若你能善加利用，用于正途，用在有智慧的地方，造福社会、利益大众，即使消散之后，一旦有因缘，它也会再积聚。

第二，崇高必堕落

一个人拥有再崇高的声望，好比历史上的英雄人物，当大限到来时，再叱咤风云，也是过眼云烟。因此，当位崇名高时，当思敬谨,常思"如何有益于人""如何培植福德"。倘若一时失败,也不要紧,只要反省奋发,你也会有再成功的时候。

第三,合会终必离

合会是欢喜的,别离是悲哀的,这是人人都有的感受,所以古人言:"黯然销魂者,唯别而已矣!"有"会",就会有"离",这是必然的真理,若不能体会放下,别离就会成为世间最伤痛牵挂的事。因此,与其挂念别离的不舍,不如积极珍惜眼前相聚的时刻。就算离别了,只要因缘聚集,将来也会有再会合的时候。

第四,有生必有死

面对生死问题,佛陀明示弟子不要伤心,有了生,就会有死,这是世间的真理,天地万物都是如此。同样的,有了死,也会有生,生了又死,死了又生。好比一江春水向东流,不管流到那里去,仍会流回来;如木柴一根根的烧完了,但延续生命的火种仍然存在。所以死亡并不代表灭亡,生死并不可怕。

世间上什么都可以改变,因为"无常",我有希望;因为"无常",我有未来;因为"无常",我可以改过;因为"无常",我可以进步,"无常"实在美好。

佛教现代化

目前世界各国积极推动现代化，例如：军事现代化、经济现代化、建筑现代化、教育现代化等。全世界都重视要现代化，而佛教讲究人心，在弘法上当然也讲究现代化，才能符合人心。"佛教现代化"有四点：

第一，佛法多语化

佛陀时代，印度的语言就有220多种，主要语言也有13种。佛陀传教也应用多种语言传法，所谓"佛以一音演说法，众生随类各得解"，语言的运用即是方法之一。因此，在佛法的弘传上，如果大家都能利用各种语言来作为沟通的桥梁，重视英、日、韩、法、德、西、葡等语言，使之普遍，佛教必定更让许多人了解、接受。

第二，佛教科技化

佛教非常重视科学和技术，就如过去佛陀说法的时候，便经常运用举喻来说明事理，甚至显现种种方便神通来度化众生，那就是一种以科技弘法的方式。佛教要现代化，在设备上，也要配合社会科技的发展。例如使用投影机、电视机、计算机、网络，甚至远程教学等等，这些都可以用来辅助弘法，让佛法的传播更为便利。

第三，修行生活化

佛教重视修行，因为修行能让身心端正，解脱烦恼。但是，修行不只是在经典或在口头上，而是必须落实在生活上。比方讲到外表，要有威仪，要能"行如风""坐如钟""卧如弓""立如松"；讲到心里，要能持戒，要有禅定、般若、慈悲，把这些运用到生活里，也就是所谓"福慧双修""行解并重""知行合一"。对家庭、社会要服务奉献，对生活所作所为，要合乎理则、合乎法则，才能有所功用。

第四，寺院学校化

现代大部分的寺院建筑，都不只是建一个佛殿、供一尊佛像而已，已经开始注重建讲堂、教室、图书馆。寺院不但保有传统的制度、内涵，也兼具有学校教育的功能。住持就是校长，聘请不同的老师上课，为大众服务，发挥多项教育、文化等功能。因此，寺院学校化，对社会教育的提升必定能有贡献，对信徒的修养也必定有所增长。

现代化是全球的趋势，佛教也要"走出去"，走入人群，深入民心。

不净观

"不净观"是佛教的一种修持观想行法。众生因为贪爱,于我、我所有上面,产生执着爱染,而生起种种痛苦,佛陀于是教导众生观想自他肉体充满屎、尿、涕、唾等肮脏之物,以减少对他身及自身的淫欲贪爱。如果能以不净观善摄其心,就能去除贪爱染着。这里有六种不净观,提供大家参考:

第一,欲为第一海

佛经比喻众生的贪欲,犹如大海,所谓:"爱河千尺浪,苦海万重波""众生流转爱欲海,无明网覆大忧迫""众生漂溺诸有海,忧难无涯不可处",均说明欲海狂澜,会使人沉沦灭顶。

第二,痴为第一暗

愚痴好比沉睡在漫漫长夜中的人,不知道哪一天才能醒过来;愚痴好比"一翳在眼,空花乱坠",完全无法看清楚前途的状况;愚痴恰似小婴儿,不能分辨食物与粪秽,随便拿起来就往嘴巴里塞一样。所以,愚痴的人,一直处在黑暗无明的地方。

第三,嗔为第一怨

一个人如果常常暴怒、发脾气,会招来许多怨恨。有些人习惯随便骂人、欺负人，或是闲话是非，这些都会有因果报应的。嗔恚像野火一样，还没有烧到别人之前，已经将自己烧得面目全非了，所以，嗔恚的恶相是为第一怨。

第四，妒为第一火

《梁皇宝忏》记载梁朝武帝的皇后郗氏，生前嫉妒六宫嫔妃，动心发口有如毒蛇，因心怀嗔妒之火，死后堕为蟒蛇，不但无洞穴可以栖身，还要饱受饥饿、身体鳞甲被虫啃啮之苦。后来郗氏向武帝求救，借由忏悔熏修之力，才脱离蟒蛇身。所以嫉妒之火，不仅伤害别人，更会烧毁自己。

第五，疑为第一障

疑心，是人与人之间很大的障碍，有的人怀疑自己诸根暗钝，罪垢深重，就不容易消除业障；有的人怀疑受道的师长，威仪德行不具足，自己就无法成就道业；有的人怀疑所受之法非真正之道，不肯敬信受行。在这些疑心之下，最大的受害者是自己。因为怀疑自己，自己就无法发挥能量；怀疑别人，别人也不会相信你；怀疑真理，自己就无法开悟。所以，为人要任贤勿贰，去邪勿疑。

第六，慢为第一高

慢是六大根本烦恼之一，即比较自己与他人高低、胜劣、好恶等，而生起轻蔑他人的自恃心。慢心如同高山，会挡住人我之间的友谊，障碍彼此之间的往来沟通。

欲海狂澜、痴黯黑宅、嗔怨恶象、嫉妒火焰、疑云幢幡、骄慢高山六种不净，都在我们的身心内外，所以我们要时时观看它所带来的祸患。

平等法

平等是人人所求，民主国家强调人民权益平等，弱势国家争取国际往来平等，甚至妇女争取两性平等。

什么是平等法？有以下四点：

第一，好恶要有全面的评鉴

人世间的好恶，有时很难判断。有人作奸犯科却非常孝顺，有人飞黄腾达却奸恶无比。三国曹操允文允武，雄才大略，因为权诈而被讥为"一代奸雄"；穷苦的吕蒙正，靠后天的努力，三度为北宋宰相，敢于直言，政绩卓著，生活却奢侈无度，受人争议。所以说，要评鉴一个人，实在必须从各方面来探讨。

第二，美丑要有内外的观察

《周礼》提到女子要具备"四德"，"妇容"是其中之一；大多数人看女人，也常以容貌美丽为优先。不过，三国诸葛亮，名媛美人他不爱，娶了一位发黄皮黑而贤德兼备的妻子，让他一展大志，无后顾之忧。清朝周渔璜，不爱大财主的貌美千金，选择简朴而知书达礼的村姑，夫唱妇随，生活惬意。自古窈窕淑女，君子好逑，外表的美貌固然能为仪表加分，内在的品德，却也不能不重视。

第三,男女要以能量论高低

不可否认的,社会上还存在男女不平等的问题,如同工不同酬等。其实,不必去分男人与女人哪个尊贵,应看个人能量的发挥。你看,选举时,必定以民意支持度高的人当选,演讲时,也以讲得精彩的人胜出,文章以文采见解好者为优,心胸以开阔远达者为佳。因此,男女之间高低,以发挥的能量来衡量才是平等。

第四,老少要从心智去了解

佛经云:"长者不必以年耆。"也就是说,长者不完全以年高这一点来认定,而是以戒德为准。同样的,一个人的老少成熟,对事情的看法、处理,也不只是从年龄来看。像鸠摩罗什的小乘老师盘达特,后来反拜鸠摩罗什为大乘的老师,佛门有"先入门者为师兄""开悟者为上座",人的老少,当从心智上去了解。

如何去除污垢

地板脏了，可以用扫把、吸尘器来处理；身体脏了，借助清水、肥皂也可以轻易解决。这些外在的污秽，可以很快就看到、察觉，也可以快速清洁整理，还他本来面目。可是有些污垢不外显，如性格上的缺陷，心理的不洁习性，这些污垢不仅难察觉，即使察觉，若无方法也不容易去除。在此提出四点常见的污垢：

第一，不念好是性格上的污垢

有些人的性格，只会想到别人的缺点，记住别人的过失。眼中看到的是他人的不完善，口边讲的是别人的坏话。这种念坏不念好的习气，是性格上的肮脏，要设法去除。训练自己以感谢的心看待一切因缘，以慈善的眼放大他人的好处，以赞美的话说人家的好。以善意、善心、善言来洗净这个"不念好"的污垢。

第二，不勤勉是持家上的污垢

有人生性疏懒，不勤劳不自勉，就想依赖家人，四肢不勤，过着茶来伸手、饭来张口的生活，成为家人的负担。这种人是家庭的污垢。身为家庭的一分子，对自家要有贡献，俗话说："兄弟同心，其利断金"。应勉励自己成为家庭栋梁，而不是寄生虫。

第三,不盥洗是身体上的污垢

农民因为农事沾满草籽泥巴,技工因为修理机器满身油污,矿工为了挖煤满头满脸的黑烟,这些都不是肮脏。有些人视洗澡为畏途,一身的臊气,熏得周遭人闭气不迭,几欲作呕,才是真肮脏。保持身体的整齐清洁除了是卫生,也是社交的礼貌,不可不注意。

第四,不思考是心智上的污垢

我们知道智慧的来源要靠思想,《论语》说:"学而不思则罔,思而不学则殆。"佛教也说有三种智慧:闻所成慧、思所成慧、修所成慧。《楞严经》记载,像观世音这么伟大的菩萨,也是"从闻思修入三摩地"。一个人如果长期不思考,脑筋会愈来愈迟钝,心智会渐趋蒙昧。因此要提醒自己时常思考,保持自己心灵的活水源头。

看到环境脏了,我们知道要去打扫干净,也不要忘了常常检点自己的身、心、灵,有没有沾染污垢。若无,则谨慎之、嘉勉之;若有,则应痛下决心,改过迁善。

人间佛教

什么是"人间佛教"？人间佛教不是新兴的名词，是将佛陀的言教落实在生活中的佛教。人间佛教是一个回归佛陀时代，实践佛陀解行并重的佛教。可以说，凡是"佛说的、人要的、善美的、清净的"，都是人间佛教。又，佛教的五戒十善，六度四摄等大小乘佛教义埋，也都是人间佛教。既然如此，为什么要特别强调"人间佛教"这个名词呢？盖因"人间佛教"是与时俱进，可以在生活中灵活运用的，如以下四点：

第一，以慈悲净化社会

我们这个社会太需要拔苦予乐的"慈悲"。对于别人的苦恼，有感同身受的切肤之痛，就容易生起慈悲。比如见到许多因鳏寡孤独、饥渴贫乏、昏心丧志而苦恼的人，我们能对他们布施金钱、饮食，或为他们讲说良言善语，帮助他们去迷解惑，获得生活的希望与力量。如果每一个人，都能布施慈悲心给社会，就能净化社会；能以慈悲欢喜净化国家，必定能建设慈悲的国家，这就是人间佛教的理想。

第二，以道德立身处世

我们在世界上立身处世，不是靠学问、靠能力，而是要有道德，尤其是不求名闻，不欲人知的广积阴德，才能吉星高照，福德随身。道德，不是用来要求别人，要求社会大众，而是用来要求自己的。如果每一个人都持守五戒，以五戒道德来立身处世，就是人间佛教的实践。

第三，以勤劳创建事业

一个人懈怠、不勤劳，不但不能享有荣华富贵，还会破财失利。好比农民要勤劳耕作，才会有丰实的收获；行人要到很远的地方，要迈开双脚，一步一步地勤走，才能到达目的地。所以"天下没有白吃的午餐"，如果只顾悠闲地过日子，却要享有事业的繁荣，是不可能的。唯有负起对家庭的责任，对社会、国家的义务，勤劳创建事业，才能享有充实的人间佛教。

第四，以和谐沟通彼此

人间佛教重视彼此的尊重，群我的和谐，以互助、互谅、互相了解来共同营求生活。唯有和谐，人间才能沟通彼此，才能发挥生命共同体的吉祥安乐。

布施的层次

凡是良善者，无不希望给别人一些帮助，给别人一点施舍。但是布施也有原则，不能随便施舍，否则会产生反效果，或是增加别人的困扰，或是引起他人的反感。在《增一阿含经》里即说，不可以对无法生起信仰的人布施佛法，因为会引起他的嗔恨之心，犹如一个人患有痈疮，还没有痊愈，又拿刀子去刺伤，会使他更痛不可忍。所以，布施是有层次的。

第一，施舍真理是上等布施

佛教认为上等的布施，是给予心灵启发的"法施"，这是人生最为欠缺的。因为一个人即使有再多的钱财，再高的地位，不能明理，不能安心自在，也是贫穷。真理是每一个人都需要的，假如能把真理布施给人，把知识、技术传授给人，则不仅能改善人们的生活，还能开发人们的智慧，以此利益更多的人，这就是上等的布施。

第二，急公好义是中等布施

当我们看到社会上诸多的不公平，应该勇敢地伸张正义。看到国家的公益团体、弱势团体生存困难，也应该给予赞助，助其发展，以发挥社会急公好义的精神，这是中等的布施。

第三，济贫救穷是下等布施

有一句话说："救急不救穷。"对于一时的急难救济，犹如雪中送炭，会让急难困苦的人获得转圜的生机，是莫大的慈善因缘。但是，对于恒常的穷困，有时候是救济不了的，因为这种治标的慈善工作并不究竟。像佛光山曾经到泰国北部救济贫民，除了一开始给予食物、衣物的救急，后来更协助建设工厂，以提供就业机会代替金钱财物的布施，如此才逐渐解决贫穷的困境。

第四，施不甘愿是劣等布施

有的人出钱赞助公益，但是，布施之后，心里很苦恼、很懊悔；或是在别人强迫之下捐款，让他感到心不甘情不愿，犹如剥去身上的血肉骨髓那样的痛苦。这种不是发自内心欢喜的布施，是为劣等的布施。

大家可以衡量一下，自己平时的布施，是属于哪一种？

布施功德

佛教主张欲求福报，首先要布施。布施可分为资身用物的"财布施"；以知识、技术、真理教化他人的"法布施"；维护正义法理、让人无所畏惧的"无畏施"。布施的功德就如播种，将一粒种子播于泥土中，经过灌溉施肥，就能结出累累的果实，所谓"三宝门中福好修，一文施舍万文收；不信但看梁武帝，曾施一笠管山河"。就是布施功德的最好证明。有关布施的功德，有四点说明：

第一，施命能得长寿

长寿是世人共同的愿望，但即使是钱财富可敌国，也无法买到寿命；即使是位高权重的天子，也无能让寿命增长。人，要如何才能福寿增广呢？《佛说食施获五福报经》云："施命者，寿命延长而不夭伤。""施命"，是指不杀生，进而放生、护生。《譬喻经》里记载一位小沙弥救蚂蚁，因而得让自己寿命延长的果报。所谓"种瓜得瓜，种豆得豆"，一个人要得长寿，不但要救济贫困，而且要慈心不杀；有了惜生、护生的因，自然能得长寿的果报。

第二，施色能得端正

施色，就是布施饮食让他人吃得很健康，不再面貌憔悴；布施衣物让他人很庄严，不再形体猥琐。《法苑珠林》云："施色者，世世端正，颜色晔晔，人见欢喜。"我们布施衣服、饮食、医药等日用所需，让他人身强体健，颜容光鲜，不再受饥渴贫病等痛苦，将得暇满端正的果报。

第三，施安能得无惧

施安，就是让他人获得安稳的生活。例如对于风餐露宿的人，我布施房舍、卧具，让他不再流浪街头、饥寒交迫；你因台风、地震，失去家园，我布施居住场地，让你不再愁身危坐、沾体涂足；你因困顿厄事，坐起不安，我给予你心灵慰问，让你身心安详、没有恐惧，这种"施安"的功德，能让自己将来身心安稳、没有畏惧。

第四，施力能得胜利

施力，就是为人服务，给予他人助力，让他人的工作得以顺利完成。例如见人事业失败，自动给予鼓励，让他有东山再起的力量；见人踽踽不前，给予关心、慰问，让他不畏孤独，没有恐惧地勇敢向前。所以，施力者，将来必能获得胜利。

布施不一定要施钱，有时候为人说一句好话，能为他人带来不可思议的因缘；有时候只是几口饭的布施，却给他人带来生命的重生与希望；有时候一个不经意的微笑，也能给人带来温暖的感受，所以，布施的功德是无量的。

欲的认知

"欲"，有杂染欲和善法欲之分，杂染欲是指内心不清净的贪念，如贪求五欲六尘等；善法欲是指向上的精进力，如希贤求圣、服务乡梓等。我们将"欲"分为八个层次：

第一，无欲谓之圣

一个没有欲念的人，他们对于衣食住行，只要能遮身充饥即能满足，如颜回，孔子见他生活窘困，故于路旁放一锭金，并写上："天赐颜回一锭金"，颜回看到黄金，丝毫也不动心，只是写下："锭金不付命穷人"。便潇洒地走了。圣人因能知足，故能守节不被利欲所诱，所以无欲谓之圣。

第二，寡欲谓之贤

《佛遗教经》："行少欲者，心则坦然无所忧畏"，贤能之士，因其寡欲不多求，所以不与人争名求位，不为权势利益所惑，他们不屈于胁迫，不委身事恶，更不以自身的喜好，对事物作出不公的判决，所以寡欲者谓之贤。

第三，淡欲谓之士

何西畴："士能寡欲，安于清淡，不为富贵所淫，则其视外物也轻,自然进退不失其正。"读书人,日常行谊不忘先贤之道,能以淡欲为治身之本,故能无执地面对世俗名利,因而处事舒泰安详、不骄矜做作,所以淡欲谓之士。

第四,离欲谓之僧

龙树菩萨说:"欲为苦本,众祸之源;败德危身,皆由此起。"世间的欲乐,皆为苦海轮回之本,如果能摒弃世间五欲的枷锁,远离一切贪爱的执着,断绝所有声色的追求,而进入心灵自在的境界,我们谓之为僧。

第五,贪欲谓之痴

众生每天劳累奔波,除了满足衣食住行所需之外,所谓"衣食足而思淫欲",甚至"财色名食睡"没有餍足。但是当人们得到了情感、权位、财富、美貌后,真的就会快乐吗?"欲海千层浪,苦海万重波",众生愚痴,看不到欲望如无底深渊,因此在欲海浮沉,因而在六道中无法跳脱。

第六,多欲谓之凡

历史上,许多功名场中之人、坐贾行商之流,为了求名求利,不惜曲躬谄媚,成为悖理忘义之徒;为了贪财贪色,泯灭道德良心,成为欲望的奴隶,就如朱文公所说:"欲之甚,则昏蔽而昧理义",所以多欲谓之凡。

第七,逐欲谓之邪

《韩非子》:"人有欲则计会乱,计会乱而有欲甚,有欲甚则邪心胜。"人一有了贪欲,就会想尽办法来满足自己,为了达到目的更会不择手段,因而生出种种的邪念,所以逐欲谓之邪。

第八,纵欲谓之狂

社会上,凡犯下杀业、偷盗、淫秽的罪刑犯,大都是因为纵欲所致。《大般若经》:"欲如利剑、欲如火聚、欲如毒器",如果放纵己欲,为所欲为,就会引发成为伤人的利剑、火聚、毒器,所以纵欲谓之狂。

修身要严,莫使造诸恶;修心要密,莫使生欲念。

求法之要

现今有许多人喜欢到寺院道场礼佛求福、听经闻法、参加法会、集会共修。既然发心来参与，如何才能真正得到利益？在此有四项要点，提供大家参考：

第一，以疑心而来，带信心而去

大部分的人因为"疑心"而接触佛法。对生命价值、人生意义、因缘果报、命运机缘等有疑问，促使他到寺院去求取解答。佛教不怕有疑问，所谓"大疑大悟，小疑小悟，不疑不悟"，疑问正是开悟的契机。

带着疑问而来，听了经、闻了法之后，就要从疑心升华成信心，以信心替代疑心，不可固守己见，否则像一只倒覆的瓦盆，装不进任何宝藏，那就可惜了。

第二，以慕道而来，带悟道而归

有些人到寺院，是因为信仰佛法，或为瞻仰佛菩萨圣像，或是仰慕寺院道风，而来亲炙其采。

以慕道之心而来，对佛菩萨、寺院有孺慕之情，是得度的因缘。亲近寺院道场之后，要接受教导，要吸收佛法，才能在慕道的基础上，进一步体悟佛道，才能将佛法变成自己的东西，为自己所用，才能收到佛法的实际效益。

第三，以凡情而来，带法情而回

如果最初到寺院里面来，是以凡夫的心情，希望寺院道场的大众对你重视，对你礼遇，对你客气，这是凡情。以凡情而来是常人之情，但当你接受佛法的启示，提起信心道念之后，要一切以法为依归，带着法情、带着信心、获得启示而回，才能在生活中真正受用佛法。

第四，以客礼而来，带主礼而返

通常最初到寺院里面来上香礼拜，参加法会、共修活动时，都会觉得自己是客人、是来宾、是以执客礼的身份而来。

但是你在拜了佛，参加各项修持活动之后，不该再有做客的心情，而是要以道场寺院主人自居，应有"佛教是我的，寺院道场是我的"的心态，当仁不让地承当起护持道场、弘法利生的责任，这样才有意义。

佛教是无私的宗教，佛法是无私的法、是理性的法。拜佛、求佛绝不是迷信，而是心灵安定、精神层次提升的资粮。如果能抱持正确的心态，必定能得到更大的利益。

感应的真义

很多接触宗教的人，都希望他所信仰的宗教，能给予他感应。比如生意失败了，祈祷之后，情况改善了；生活不顺利，礼拜之后，顺利转好了。"感应"有时会显现，例如看到佛菩萨现身，有时是冥应，不一定显现，比方苦恼、气愤的时候，心中一念"大慈大悲观世音菩萨"生起，烦恼、嗔恨、无明就没有了，这也是感应。所谓"人有诚心，佛有感应"，到底什么是感应的真义，有以下四点：

第一，从正见中认识感应

要感应，必须先有条件。比方鼓敲一下，就会有回应；钟一敲，就有回响，这就是感应。又例如天上的月亮只有一个，但只要有水，无论是一杯水、一盆水、一湖水，就会在水里面显现。可是如果你这水不清净，月亮也就显现不出来。所谓"菩萨清凉月，常游毕竟空；众生心垢净，菩提月现前"。感应不是用求的，在因缘和合下，不用求也会有感应，而没有感应的人，不能责怪天上没有月亮，该怪自己的心海不清净。因此，感应要用正见来认识。

第二，从礼敬中得到感应

信仰不是以物易物，不是用一串香蕉、两颗水果、三炷香祭拜，交换利益条件，就能获得感应。感应也不光只是祈求，所谓"精诚所至，金石为开"，你必须虔诚礼敬、挚诚顶礼，真心从内心发心、发愿，才能与诸佛菩萨感应道交。

第三，从供养中体会感应

供养是一种善美的心意，它不只是物质的奉献给予，更重要的是我们身口意的供养。你身做好事，为人劳动、服务；口说好话，给人信心、希望；心香一瓣，祝福别人平安健康，只要诚心正意，这些美好的供养，自然会有感应，回报到你自己身上来。

第四，从慈悲中接触感应

所谓"种什么因，得什么果"，你种了慈悲的因，当然得到慈悲的果。慈悲就是佛教讲的"无我"，因为无我，所以愿意助人、奉献，感到"我对你好就是对我好""我帮助你就是帮助我"，彼此融为一体，这怎能不产生爱心呢？有爱心、慈悲，就会有和平。这就是从慈悲中接触感应。

感应是天地万物、宇宙众生间的一种互动、呼应。人间到处都有感应，例如喝水可以止渴，吃饭可以饱腹，按下开关，电就来了……这些都是日常生活的感应。只要能够肯定自己是佛，依照佛陀的教法去做，怎么不会得到佛陀的感应呢？但是，在学佛历程上，如果凡事都要等佛祖来给我们感应，那也实在太辛苦了！因此，我们应该从以上四点来看感应的真义，以平常心视之，不强求或耽着留恋，才是正信之人。

朝山功德

朝山是佛教徒至名山大寺，以忏除业障或还愿的朝礼行为。很多人欢喜成群结队到山上寺院朝礼，少则百人，多则千人，队伍庄严威仪，让人身心都收摄起来。他们为了表达虔诚，有的三步一拜，有的一步一拜，有的一步三拜。其实，朝山也不一定指跪拜而已，你到寺院丛林来，一合掌、一问讯、一献花、一拈香，都能为心中带来宁静清凉，这也是朝山的意义功德。为什么有这么多人欢喜朝山呢？归纳有四点原因如下：

第一，广结善缘

平日大家各有家庭、事业、生活，各忙各的，没有集会，也没有什么往来。借由朝山活动，大家从四面八方集合在一起，你帮助我、我帮助你，你跟我微笑、我跟你点头，大家有共同的信念、共同的诚心，为求法而来，结下一分善美因缘。

第二，折服我慢

平常我们总是有所坚持，多少有些慢心，不愿轻易向人低头。但是在朝山时，不管几只眼睛盯着你，你还是五体投地地礼拜，这时候，我慢怎么会生起？我慢去除，世界宇宙还有什么容不下的呢？因此，人是拜下去了，心却谦卑起来、升华起来了。这时的礼拜、低头、问讯，与佛接触，身心自在与宽广，可以折服我慢，真正解脱烦恼。

第三，消除业障

修行，不外是"随缘消业，增进福慧"，我们一个人，从过去到现在，心中的贪嗔愚痴、贡高我慢，积累了多少罪业、障碍，若不经一番身心磨炼，何能消除？所谓"礼佛一拜，罪灭河沙"，借由朝山，身心合一，虔诚恭敬，最能启发清净心，让法水洗净我们污秽、疲惫的身心，就能获得自在清凉。

第四，增进信心

对宗教的信仰，有时候，光理解是不够的，必须从行持上，自己体验了、自己做到了，内心的感受就会不一样。朝山正可以增进信心、增上道念。好比我们从遥远的地方，一路走到圣地，如果途中经不起种种考验，如何能到达？因此朝山，正好是考验道心和毅力，增进信心、道念的方法。

朝山时，从山下慢慢拜到山上，内心会愈来愈升华；从外在慢慢拜到殿内，会从注重外在，转为注重心内；从黑暗慢慢拜向光明，会逐渐远离烦恼无明，趋向光明智慧。朝山是与佛接心，与佛交流往来，把自己当成佛，以佛的德行自我勉励，就能与佛相应。

敲打木鱼的意义

大家到寺院参访，经常会看到出家人敲打木鱼念经。很多人会赞美木鱼的声音好听，但更多人好奇：为什么要用木头做成鱼的形状，并且拿一只槌子敲打呢？其实它是有意义的，有四点如下：

第一，有精进的意义

我们看水里的鱼，不管游水或静止不动，它是不会闭上眼睛的。佛门以鱼的形象，来勉励大家在修行上，要像鱼一样精进不懈。甚至在鱼梆上会写着"生死事大，无常迅速；珍惜光阴，时不待人"，提醒大家惜时惜阴、努力用功。精进，可以改造自己懈怠因循的毛病；精进，是勉励自己向上最实际的方法，也是开发潜能的不二法门。因此，我们无论做什么事，都要效法木鱼精进的精神。

第二，有警惕的意义

我们的心经常处在妄念里，幻想、乱想、白日梦，想一些不切实际的情境。这木鱼一敲，透过木鱼的声音，会给你有个警惕，可以把散乱的心、妄想的念头找回来，叫你不可以胡思乱想，不随便想入非非，所以，它有警惕的作用。不要小看那一槌，历史上很多禅师，在修行的过程中，有时候，一槌磬声、一记钟声、一棒鼓声、一槌木鱼，"笃"！就是在这么一个声音下，一个警惕作用，他就豁然大悟了。

第三，有统一的意义

在诵经时，你念、他念、我也念，你念得快、他念得慢，念得七零八落、参差不齐，不仅不好听，也会让诵经的人起心动念，不能专心。这时候，木鱼就有统一的作用，它可以把大家的声音结合起来，随着木鱼的节拍进行，一样的快慢，好像流水一样潺潺有声，也像潮水一样，一波一波、一涌一涌，那诵经的声音，就会悦耳好听，让人仿佛置身在另一个清凉境界，也令人息下许多杂念。

第四，有摄心的意义

我们的心很容易胡思乱想，随着境界起落、奔驰，真是所谓"心猿意马"，像猿猴一样，跳动不停，一刻不能安住。如何把这颗动荡不停的心，给它安住在木鱼的声音上，让心不要往别处乱跑，这木鱼声就有摄心一处的作用，它会敲醒迷惑的众生，提起正念，远离是非烦恼。

寺院的功用

在中国，深山里藏有古刹丛林，城市里也有寺庙道场。有人说："建那么多寺院有什么用呢？劳民伤财，不如把建寺院的钱拿来建学校。"一般人也以为寺院只是提供信徒集会、诵经、拜忏之用。其实寺院还有很多功用，以下列举六点：

第一，是善友来往的聚会所

寺院是一个地方的建设，是当地民间集会往来很好的聚会场所。它可以供给小区联谊、团体开会、喜庆婚丧，促进人与人之间的情感。亲朋好友见面、商量、谈话，彼此相互交流、帮助。

第二，是人生道路的加油站

在人生道路上，常常会有感到泄气颓唐的时候，假如你到寺院来，礼拜、问讯，得到诸佛菩萨的加持，内心会得到一种鼓舞、动力，好像驾车时，途中有了加油站，为你加足了汽油，你就可以继续往前开行，走向更远的人生旅途。

第三，是修养灵性的安乐所

寺院的教化，可以提高一个人的道德、灵性。你到了寺院，无论祭拜、打坐、念佛，或是聆听晨钟暮鼓、磬鱼梵唱，都是修养灵性的好方法。它可以带给人心灵上的净化、精神上的鼓舞、思想上的启发，对社会人心产生一股道德的自我约束力。

第四，是去除烦恼的清凉地

当你遇到心情烦闷、事业挫折，感到不顺遂的时候，一进入寺院，心里的愤恨不平、烦躁不安，甚至对世间的人事的不满、不解，都会因为礼拜、静坐、沉思，得到抚慰、力量和支持，烦恼会缓和下来，内心会感到清凉。

第五，是购买法宝的百货店

物质生活上的日常用品，可以到百货公司购买，精神生活上也需要很多的用品，这时候，就可以到寺院里请益法宝了。比如嗔恚起来的时候需要慈悲，无明懊恼的时候需要智慧，委屈失意的时候，需要忍耐奋起，纷乱失序的时候需要和谐宁静……寺院就是一个具足法宝的百货店。

第六，是悲智愿行的学习处

寺院是一个光明、希望的场所。你要学习观音菩萨的慈悲，文殊菩萨的智能，地藏菩萨的愿力，普贤菩萨的愿行，这里就是最好的地方。只要你走进寺院，从佛像的慈容里，能得到启发，从菩萨的教法里，能得到开解，如同黑暗遇到光明，让人获得信心与力量，重新出发。

此外，寺院可以给人挂单住宿，方便行商过旅；寺院殿堂、建筑、佛像雕刻、绘画等，让人见了心生宁静祥和，甚至它也像一所学校，是推广各种文教中心。有人说，社会需要医院、救济所，不必建太多寺院，出钱做慈善救济只是一时，能拯救肉身生命，济人燃眉之急，但是无法息灭贪嗔痴三毒；可是多建寺院，佛法的布施，造就社会教育普及，人心的教化，净化心灵，使人断除烦恼，这才是最究竟的慈善事业。

宗教人的共识

从事政治的，我们称他"政治人"；从事经济的，我们叫他"经济人"；而信仰宗教的人，我们就为他定名"宗教人"。不管是信仰哪一种宗教，都必须具备共识，才能算是一个宗教徒，才能称为宗教人。什么是"宗教人"的共识呢？以下四点：

第一，以慈悲济世为宗旨

既以"宗教人"自居就必须做到有慈悲心，要能救济世间，慈悲济世，慈悲可说是"宗教人"的宗旨。你看耶稣教的"博爱"，代众生受苦；观音菩萨"千处祈求千处应，苦海常作渡人舟"，这都是慈悲济世的精神。如果没有慈悲济世的胸怀，那就失去"宗教人"的立场了。

第二，以共享和平为目标

宗教能给予人间和平安定的力量。各宗教虽然信仰的教主、教义各有不同，但从事的工作，都是要让世界和平、众生得度，所有的人都能和平共处。一切的生命都是互相依附、同体共生，不是我打倒你、打倒别人，只有我自己成功就能生存。宗教人所要推动的，就是要让大家平等，建立人人有共生、共存的共识。

第三，以参与善事为方便

宗教人不要光是守着"我的宗教"，这是自我的设限，自我的执着。只要是对世界和平、造福人群、提升人类心灵有益的善事，宗教人都可以与人为善，热心参与。好比现在世界上许多国家都有"宗教同盟""宗教促进委员会"，联合所有宗教，相互尊重，异中求同，发挥更大的力量，净化人心，稳定社会。

第四，以发扬人性为努力

"宗教人"不但要发扬人性，还要发扬我们的天性、我们的道性、我们的佛性，也就是把我们所谓的"佛心人性"发挥出来。不但爱己、爱人、爱社会、爱国家，甚至爱十方世界一切众生，哪怕一个含灵动物，乃至为了保护一只鸟、一只兔子，都可以花多少代价付出。因为生命可贵，在我们的人性里，都应该受到的尊重。

无论任何宗教徒，发扬光明的行为，创造祥和的世界，这都是我们所共同努力的目标。

信仰

有信仰就有希望。信仰如手，能执取众宝；信仰如杖，能给人依靠；信仰如根，能长养善法；信仰如船，能得渡彼岸；信仰如力，能突破万难；信仰如财，能生出智慧。信仰带给人无穷的希望，信仰的好处有四点：

第一，能确定目标

有的人常常感到自己没有信心，不能确立心中的目标，这是因为他没有信仰。内心有信仰，信仰一种宗教，信仰一种理论，信仰某种主义，都可以让生活有个目标。好比泥水匠盖房子，用水把沙、石、水泥混凝在一起，筑砌成一栋坚固的大楼，有了信仰，可以融摄我们纷乱彷徨的心念，让自己活出自信，确定人生的目标。

第二，能解脱烦恼

人生旅途，总会遇到许多烦恼，有来自社会、家庭、感情、经济，以及身体的生老病死，心理的愚痴无明等等。世间上去除烦恼的方法很多，但不如佛法的信仰来得究竟。譬如从佛法中，我们知道贪嗔痴的烦恼，可以用戒定慧来对治；悭吝的人，教他行布施；受到挫折，灰心丧志，可以用因缘观来对治……对佛法不疑的信仰，好比病人相信医生的诊断，而能安心服药，药到病除。

第三，能美化生活

信仰能够影响一个人的生活态度。没有信仰，生活便没有立场，遇到问题，总是东问西问，甚至求神问卜，仍然拿不定主意。有信仰的人，对于困难、折磨，会认为是庄严人生的必备要件，是迈向成功的砺石，即使被人欺侮，也不会生起嗔恨心。因此，信仰使我们能笃定地生活，相信凡事总有办法解决，这样的生活自然欢喜美好。

第四，能安住身心

人生在世，找一个安身立命的地方很重要。读书的人，把身心安住在书本的知识上；做事业的人，把身心安顿在事业的发展上。虽然如此，但有时内心还会感到茫茫然，若有所失。假如有了信仰，内心就能安稳，好比信佛的人，把身心安住在观世音菩萨、阿弥陀佛的信仰上，身心一旦获得安住，遇到任何的困难也就不成为问题了。

一个人出门在外，天色黑了，不知将往何处去，这种无家可归，徘徊在十字街口的痛苦，是难以忍受的。信仰是人生的终极目标，没有信仰，生命就没有依靠，有了信仰，如同有个家，使生命有所依靠。

对治的方法

佛教《妙法莲华经》中的《药草喻》说："一切草木所得不同，各各有所对治。小根小茎小枝小叶，对治也小；中上根对治也大，故名药草喻。"人亦如此，习气不同，对治的方法也不同。

"对治的方法"有四点建议：

第一，急躁之人可以舒缓

有一句歇后语说："事急马行田——乱走。"急躁的性格，容易在危急的时刻乱了手脚。又如英国诗人赫伯特所说："讨论的时候要冷静，激烈的争论，会使错误变成缺点，真理成为霸道。"所以时时提醒自己保持内心平静，才能看清事情的真相。

情绪急躁的人，平常可以借由打坐、抄经、观呼吸、打太极、听节奏舒缓的音乐等，以增强自我稳定情绪的能力。

第二，敏感之人可以熟思

敏感不一定不好，有的人因此更加善解人意，但也有人对于他人言行过度敏感，大惊小怪、怨天尤人，而陷入焦虑之中，造成人际关系的紧张，影响身心健康。敏感的人凡事应当谨慎思考再作回应，一旦误判别人的意思，不但扰乱自己的情绪，也恼怒他人。因此,应该努力克服,让自己和他人都能拥有好心境。

第三,懒惰之人可以勤快

英国诗人米尔顿说："懒惰是世界最大的奢侈。"水不流动,就会发臭;刀子不磨,就要变钝;锅子不刷,则会生锈;人如果懒惰,脑筋就会变得迟钝。清朝时期,人民因为沉浸于鸦片,不事生产,造成全国工商业萧条。所以,懒惰实在罪恶,无以成事,唯有勤劳才能有所成就。

第四,无智之人可以礼敬

一个智慧不足的人,要多与善知识接触,礼敬善知识。善知识好比是我们呼吸的空气,一刻都不能缺少。《增一阿含·放牛品》说:"莫与恶知识,与愚共从事,当与善知识,智者而交通。若人本无恶,亲近于恶人,后必成恶因,恶名遍天下。"因此,借助善知识的力量,互相砥砺,能启发我们的智慧。

人有各种不同的习气,不良的习气若不予对治,久了可能还会为人所诟病。

对治之方

待人是一门学问，是一种艺术，待人之道就是：人之所欲，我从善如流；人之所恶，我避而不犯；人之所长，我虚心请教；人之所短，我容而化之。总之，待人之道就是要懂得权巧方便去因应，要有慈悲智慧去对治。关于对治的方法，有六点意见：

第一，人好刚，则我以柔胜之

与人相处，如果对方个性刚硬强烈，我也刚毅正直；硬碰硬的结果，只有两败俱伤。所以当对方气势高涨，态度强硬的时候，何妨"以柔胜之"。只要你和气、安忍，则"柔能克刚""能忍自安"。

第二，人用术，则我以诚感之

有的人好用权术、好使计谋，对于这种人，我们不能跟他一样用权使计，因为尔虞我诈的结果，不但伤神，而且伤感情，不妨以诚心对待，日久必能感动他。

第三，人使气，则我以理屈之

有的人好意气用事，动不动发脾气、动不动就生气。如果人使气，则我最好以理来屈服他，所谓"有理走遍天下"，理必然胜于雄辩，有理才能站得住脚。

第四，人行妄，则我以真待之

有的人经常说话虚妄不实，行事狡诈欺骗。对于行为、言论都不真实的人，如果我也虚假以对，彼此就难以相交、相处了。所以尽管别人对我妄语相欺，我还是要以真诚对待他。所谓"真金不怕火炼"，唯有真心待人，友情才能持久。

第五，人多恶，则我以恩对之

"多行不义必自毙"，做人要常存好心、多行善事，才能增长福德。有的人对人常怀恶心，不怀好意，如果我也"以其人之道，还治其人之身"，彼此就是半斤八两。因此尽管对方行恶，我要施恩于他；能够以善心待人，就是施人最大的恩惠。

第六，人喜变，则我以定处之

有的人做事如风向球，随风转动，变化不定。人喜变，则我以定处之，懂得以不变应万变，才不会乱了方寸。

人与人之间，只要你能以慈悲善待别人，一定能够得到善意的响应；只要彼此能多一点尊重、包容，社会必然呈现一片祥和，也就没有所谓人我纷争了。

学佛的正见

现在信佛、学佛的人很多，但是正知正见的人很少。假如没有正见，就好比目标看错了，方法用错了，一旦见解错误，就是信佛、学佛，还是很难得到利益。学佛的正见有四点：

第一，正见因缘果报

世界上，你可以什么都不信，但是不能不信因缘果报。所谓缘起，就是说明宇宙人生都是彼此相互关系的存在。万物的存在，就是一只小鸟、一只昆虫，也要有树木、花草、泥土做食物；一个人的存在，也需要士农工商供给生活所需，甚至人的身体，也是四大和合所成。所以，你懂得因缘，在世间做人，就要成就众生，成就好的因缘，不要破坏、嫉妒，你打倒别人，自己也不能独存。你懂得果，就明白一切其来有自，就能自我负责。认识因缘果报，就能认识宇宙的真理，人生彼此相互的关系。

第二，正见善恶业力

能让我们的生命从过去到现在、从现在到未来，不会散失的，就是业力。业力好像念珠的线，把生生世世串连在一起。无论善恶，都有业力，所谓"善有善报，恶有恶报，不是不报，时辰未到"，学佛修行不能不先把善恶业力认识清楚。你正见善恶业力，就会知道获得财富，要靠自己勤劳；受苦受难，也不要怨怪别人，不要怨天尤人，必定自己造业，所以有苦难的果报。你正见善恶业力，就会心无恐怖，承担自己的一切。

第三，正见无常苦空

在这世间，无常是真理，苦是实相，空是究竟的道理，但凡夫一听到苦、空、无常，就心生畏惧，以为无常是消极，苦就是一切，空是什么都没有。其实，空才能有。好比房子不空，如何住人？没有空地，如何起高楼？宇宙不空，森罗万象如何存在？眼耳鼻口毛孔没有空间，人就要死亡。所以，空不但是拥有，更是存在的意思，空，才能拥有万物。认识空，才能认识宇宙万有本来的面目。

第四，正见佛道永恒

你认识无常苦空，要求得永恒的生命，就要成就佛道，趋向涅槃。什么是佛道？无你、无我、无生死分隔的"超越观"是佛道；无自、无他、无怨亲对待的"慈悲观"是佛道；无彼、无此、无人我差别的"缘起观"是佛道；无私、无欲、无利害得失的"平等观"是佛道。体证佛道的人，没有老死，没有生灭，生命的光辉能臻于永恒。

有了正见的智慧，对于是非、善恶、真伪，才能做正确的思维判断，发诸于身口意才有正确的行为，而不至造下三涂之因，自然免受五趣轮回之苦。

《杂阿含经》卷二十八说："假使有世间，正见增上者，虽复百千生，终不堕恶趣。"学佛正见的重要，由此可见。

何谓善知识？

我们一个人从小到大，经常需要别人的话来引导。好比最初幼儿园阶段会说："我妈妈说"；到了小学："我老师说"；中学的时候："我朋友说"；到了大学变成："我女朋友说""我男朋友说"；乃至进入职场，也有同事、主管、领导的指引等，可知别人对我们的影响很大。因此，佛教里说，选择"善知识"就很重要了。

善知识是指一个正直有德，能教导正道的人。他能够开导别人，可以开示别人，能可以带动他人的成就。成为善知识要具备哪些条件呢？有以下四点：

第一，要教导后学

每个人都可以是善知识，无论你是老师、父母、兄长、主管或朋友，作为善知识，必须自己先具备教导后学的能力。例如自己慈悲，才能教人慈悲柔软；自己布施，才能教人布施的真义；能够明理，才能导人走上正道。你可以先把自己教导后学的能力养成，就能做一个以身作则的善知识。

第二，要宣扬真理

真理能阻挡愚痴的邪风，真理是解脱烦恼的慈航。作为一位善知识，要能讲说真理给人明白，让人具足正见，去除迷惑。但宣扬真理时，也必须要有智慧巧妙，不能勉强而说，随意而说，能够符合时间、空间、心理，才能使真理让人明白了解。

第三，要随机演说

所谓"随机应变、观机逗教"，作一个善知识，要能懂得观察根基。世间万物都有理和事两个层面，有的人只有讲理没有讲事，太抽象、太玄妙，不容易懂得；有的人只讲事，不说理，又不能深入，不能使人心领神会。最好"事"要"理"来作根据，讲"理"时，要有"事"来作比喻；能够对机演说，"事理圆融"，才能为人所接受。

第四，要方便度化

要别人接受我们的意见，不能老是用责骂的方法，也不一定用教训的方式，或疾言厉色的态度，就能让别人跟随我们学习，接受我们的看法。你要有方便化度的慈悲与智慧，让他感到如沐春风，感到受到尊重，他的心地柔软了，自然能接受你的教化。

此外，身为善知识，你要给对方信心、希望，甚至也要让他服气你。像现在许多父母教导子女，子女不服气，不愿听话，老师教导学生，学生不想听话。他能听进到什么程度，大多是与他比较接近、比较有因缘的人。所以，善知识的方便善巧就很重要了。

随喜的功德

普贤菩萨有十个修行大愿，其中一个叫"随喜功德"。修行随喜功德，与礼敬诸佛、称赞如来、广修供养等有着同样的重要功德，我们随喜赞叹他人的成就好事，如同礼拜、念佛、诵经一样，都是了不起的修行功课。什么是随喜？别人出钱做公益，我多少帮一点忙；别人做了好事，我乐见其成；别人有成就，不起嫉妒的心，随口说些赞叹的好话；别人失意，不幸灾乐祸，随口说些鼓励的话。随口说些好话，随手做些好事，随心帮助他人，都是随喜。随喜有什么功德呢？

第一，如香遍满堂室

一个人靠化妆、洒香水得来的香气，仅是短暂的、局限的。我们经常养成随喜他人，所散发出来芬芳气质，就会充塞着所处的空间，让你周围的人都能闻到，亦如你赞美别人地赞美你、欢喜你。

第二，如炬普照十方

愿意赞美别人、随喜别人，喜欢显扬他人的善美，你的人格道德就会像光亮的火炬。肯随喜他人者，不障碍不为难他人的成就，不讽刺不打击他人的努力，这样的人格是世间的榜样，就如同太阳的光亮普照世间。

第三，如种一能收百

随喜他人，就像打回力球，你随喜他人多少功德，就有多少人回头来赞美你、随喜你的功德。就如同我们在山谷中大喊"你好"，四面八方都回声对你喊"你好"。因此，愿意随喜他人功德者，所获得的善性循环，就如同种一而收百。

第四，如月映现千江

天上的月亮虽只有一个，但在地上只要有水之处，不管是江、海、河、湖、溪、井，甚至仅是小小的盆、碗、杯盏，月亮都会映现其中。我们肯随喜他人，清净品格的映现也如同这清凉月，随处映现，就如千江有水千江月。

普贤菩萨发随喜功德的愿，佛陀也常常赞美随喜的功德。随喜是最占便宜的修行法门，只要养成帮助他人的性格，随时给人欢喜、给人方便，就是很大的功德了。常人见他人有善喜，嫉妒容易随喜难，就是不知随喜有这么大的功德。提供以上随喜的四个好处，希望大家都拥有随喜的性格。

不净之因

衣着虽旧，洗得干净，穿起来仍令人舒坦自然；房舍虽老，窗明几净，住起来仍让人心旷神怡。女孩子，虽无闭月羞花之貌，将自己打理得整齐，仍可落落大方；家居，虽敝衣茅庐，无湖光山色，只要净洁，仍会让人犹处人间胜地。因此，无论居家、仪容，或是心地，只要清净，比华美更让人起欢喜心。即是如此，为什么还会有蓬头垢面、心地混浊的时候呢？提出四点：

第一，家居不净是因怠惰

舍宅不干净，最大原因在于主人怠惰，没有养成随时清理住处的习惯。桌椅任它自摆放，门窗任它自蒙尘，盆栽任它自生灭，厨房锅碗瓢盆，用完不顺手收拾，或招引蟑螂或老鼠同居，如何能有清净的家居？因此，居家要清净，一定要以勤劳代替怠惰。

第二，容色不净是因疏懒

古代的人，媳妇清早起来，没有梳妆，不能出来见公婆；男子没有正衣冠，就不出现外人面前，这些规矩，是礼貌，也是自重。现代许多人，由于疏懒，邋邋遢遢地就出现他人面前，男士不刮胡须，不修边幅，女士板着一张脸，披头散发，不仅未具礼仪，也显得没精神。因此，若想留给他人容色光鲜的好印象，就要改进疏懒的毛病。

第三，施舍不净是因悭贪

布施是去除贪念的最好方法。然而布施得不到功德，是因为布施的心理不清净。你希求别人感谢报答而行布施，为了得到好名声而行施，或是求好果报而行施，这样有条件的布施，还是出自悭贪。最如法的布施，是无相布施，没有施者、没有施物、未见受施者，能做到无相布施，才是真正清净的布施。

第四，修行不净是因放逸

有些人念一辈子的佛，拨断数条念珠，也无法达到一心不乱；有人参了一辈子的禅，坐破数个蒲团，也未能得到参禅三昧。原因何在？心中杂念、妄想太多了。一般人以为，形体上的放松懈怠是放逸，其实修行人，你放任自己妄想纷飞、心猿意马，更是大放逸。因此，修行要清净、得力，一定要改掉放逸的习气。

嗔恚的过患

所谓"一念嗔心起，八万障门开"，在佛教里，把嗔恨心比喻成火，嗔恨之火能烧功德之林；嗔恨也如同刀和剑，能伤害我们的慧命。在《法苑珠林》里，记载嗔恚的过患有六点：

第一，因嗔恚而失善法

《佛遗教经》说："嗔恨之害，则破诸善法，坏好名闻，今生后世，人不喜见。"本来做好事，是善法，但因怀着嗔恨心，就不是善法了。例如布施是好事，但是如果不欢喜地说："给你，拿去！"如此"不食嗟来食"的态度，让布施的功德一下子就丧失了。

第二，因嗔恚而堕恶道

嗔心之害过于猛火，如提婆达多虽然也很认真地修道，不过他太沽名钓誉，嫉妒佛陀的威德，对佛陀怀着不平、嗔恨之心，甚至不择手段要陷害佛陀，因此犯了五逆重罪，招感堕入地狱之苦果。

第三，因嗔恚而造恶口

当嗔恨心生起时，我们往往忘记自己的修养，也不顾自己的风度，如汽车抛锚了，大骂汽车气死人；咒骂车船误时，怨怪饭菜不合口味；对自己所爱的亲戚朋友反言相讥，甚至把看病救命的医师也都告到法院去；可见我们内心一有气愤，首先犯下的就是口业。

第四，因嗔恨而丧法乐

嗔恨之心令我们丧失理智，如过去有一个高中男孩，期待在他毕业典礼那天，能收到父亲给他的毕业礼物一辆新车，但是回到家，只见父亲手里拿着一本《圣经》，这男孩怒气充塞心中，二话不说掉头就走。离家 30 年，直到父亲的丧礼才回来，他赫然发现父亲所有的爱心包括购车的支票，就夹在《圣经》里面，青年后悔万分，却已无补于事。一念嗔恨心，义理人情都不顾，当然更享受不到那份美好喜乐了。

第五，因嗔恨而窃善心

有道是"爱之欲其生，恶之欲其死"。平时相爱的夫妻，一旦生气的时候，反目成仇，恨不得他早一点死。当一个人嗔恨心生起时，他就没有了世界，没有了朋友，没有了亲人，没有了自己。所以嗔恨就像盗贼一样，会窃取善心，让我们失去一切。

第六，因嗔恨而遭祸患

今天的社会，有时候会因为你用不好的眼色看人一眼，别人就会捅你一刀，给你一拳。也会因为嗔恨，随便骂别人几句，而引来报复等各种祸患。

古德云："向前三步想一想，退后三步思一思，嗔心起时要思量，熄下怒火最吉祥。"如果想要消灭内心嗔恨的火焰，必须用慈悲的法水让它柔软，否则只有让嗔恨之火烧身，让嗔恨之气压榨。

何谓禅？

佛教常常鼓励人要参禅，其实"禅"并非佛教所专有，禅是每一个人的心。我们每个人都有一颗心，当然也就应该每一个人都有"禅"。"何谓禅"？有四点说明：

第一，搬柴运水是禅

禅不是"眼观鼻，鼻观心"，禅不是只在蒲团上打坐，不是所谓的"老僧入定"才叫作参禅。禅是在生活作务中，举凡搬柴运水、劳动服务，当下就是禅。你能够从劳动服务里，把工作的巧妙做出来，把工作的意义体会出来，把工作的耐烦培养出来，这就是禅，所以搬柴运水都是禅。

第二，行住坐卧是禅

禅是静坐，禅也是活动。有时候参禅打坐是禅，经行跑香也是禅，甚至吃饭睡觉，都可以参禅。每天在衣食住行、行住坐卧之中，能够把心安住在当下，不为外境所动；能够不动心，生活里就有禅。所以，穿衣是禅、吃饭是禅，能够把心安住在禅的生活里，所谓"平常一样窗前月，才有梅花便不同"。生活中有了禅，生活的味道就不一样了。

第三,方便灵巧是禅

禅不是刻板的,不是呆坐的,禅不是墨守成规。禅是活泼,是幽默,是方便,是灵巧;有方便、有灵巧才是禅。像过去古代的禅师大德,他们扬眉瞬目、举手投足都是禅,甚至于一言一行、一思一想无非中道,一草一木、一沙一石无非禅心。所以,只要我们有了禅心,再看世界、看自然、看万象,一切都充满了禅机,充满了妙趣。

第四,逆来顺受就是禅

在我们的生活里面,不是顺境,就是逆境。对于顺境、逆境,如果都能保有一颗"如如不动"的心,其实那个就是禅。你能把如如不动的心,用在纷纭扰攘的现实生活里吗?能够的话,那你就是懂得禅了。

禅是什么?禅是修行,禅也是生活。能够从生活中体会禅悦法喜的修行,才是真修行,这也是人间佛教所提倡的修行。

处事禅心

有人的地方就有事，有事必然有是非，是非虽然起于人我，但只要我们懂得照顾好自己的心，就不会被是非所困扰。所以处事要有禅心，要懂得以有限的生命来追求无限的永恒，不要在小小的人我是非上计较，浪费了大好的人生。处事的禅心，有四点：

第一，横逆来时，要能不怨不尤

人生的际遇，难保一生都是一帆风顺。当遭逢逆境的时候，我们怎么办？要不怨不尤。所谓"明白因果，就不怨天；了解自己，就不尤人"。但是，有一些人只要稍有不如意的事，就上怨天、下怨地，内怨父母眷属，外怨朋友师长。怨天尤人显示自己脆弱无能，所以一个有修养、有能力的人，遇到横逆的困境时，绝不怨天尤人，怨天尤人只会更加坏事。

第二，病苦来时，要能不惊不怖

人吃五谷杂粮长大，生病是难免的。但是一般人都害怕生病，所谓"英雄只怕病来磨"，佛教讲"修行人要带三分病"，有时身体上有小小的病痛，反而能增长道心，成为学佛的增上缘，重要的是心理要健康。所以当病苦来时，要能正见身体是四大五蕴和合而有，能够如《般若心经》所说："照见五蕴皆空"，自能度一切苦厄，自能不惊不怖，自能远离颠倒梦想，自能解脱自在。

第三，讥谤来时，要能不辩不苦

俗云："不遭人嫉是庸才"，在娑婆世界里，大凡有所作为的人，难免都会遭到讥讽毁谤，即使佛陀也曾受到提婆达多的迫害，耶稣也曾被弟子出卖。所以当我们被人诋毁、中伤的时候，要紧的是不辩解、不为所苦。所谓"是非止于智者"，只要自己行得正、站得直，尽管别人如何嘲讽讥谤，那是他自己心中是牛屎，只要你是智者，必能不为所动。

第四，荣宠来时，要能不骄不慢

人生最大的失败是骄慢，骄慢必生祸。因此当一个人受到极度荣宠的时候，千万不可恃宠而骄，因为世间事往往祸福相倚，当成功时也可能暗藏失败的阴影，因此不但要"胜而不骄"，而且要"遇荣宠事，置之以让"；懂得"宠甚而思以慎"，则位自固。所以做人要懂得虚怀，要如大地之谦卑，才能承载万物，才能成就万事。

每个人内心都有一样比黄金钻石更宝贵的东西，那就是人人本具的佛性。佛性，用比较浅显易懂的字眼表达就是"禅心"；用禅心安顿顺逆境界，自能时时自在。

何谓禅心？

每个人都有一颗心，善美的心有好心、善心、慈心、慧心、道心等。除此之外，我们应该进而要有"禅心"。何谓禅心？有四点意义：

第一，你我一体的心叫作禅心

人，所以会有纷争，就是因为"你""我"的关系不协调。如果将人与人互换立场，彼此将心比心，甚至把"你"和"我"看成是一体，"你""我"的关系是荣辱与共、休戚相关，是同甘共苦、不分彼此，即所谓"无我相，无人相，无众生相，无寿者相"，如此就不会有人我的纠纷与不满了，所以，"你我一体"的心叫作禅心。

第二，有无一如的心叫作禅心

世间上，有的人凡事求多、求好、求拥有；但也有的人刻意远离名利，躲到深山里隐居。为什么？因为他要体会"无"的世界，在"无"的里面感受无名、无利的逍遥自在。但是，真正的菩萨道，虽不执着"有"，但也不要太躲避世界上的"有"，而刻意去寻找"无"。我们应该做到即使"拥有"，但不执着，而且能随缘随喜地洒脱自在，这就是"有无一如"的禅心了。

第三，包容一致的心叫做禅心

心，是宇宙，心，是虚空。世间上，任何东西都包含在虚空里，虚空没有嫌弃渺小者，所以虚空很大。俗语说："气度盖人，方能容人；气度盖世，方能容世；气度盖天地，方能容天地。"我们能够包容异己的言论、包容不同的国家、包容不同种族的人，如此才能扩大自己的心胸。一个人如果有开阔的人生观，必能开展涵容天地的成就，所以，"包容一致"的心叫作禅心。

第四，普利一切的心叫作禅心

我们对父母孝顺，这是天经地义的孝心，对儿女的关心，这也是理所当然的慈心。但是，我们要更扩大对一切有情的爱，如清朝李毓秀原著，贾存仁改编的《弟子规》所说："泛爱众，而亲仁"。能以孝顺父母、慈爱儿女的心，来关心天下的一切众生，如此对众生的付出自然无悭吝、无计较；能以众生之乐为乐，以众生之苦为苦，如此不但能长养心量，更能提高自己的慈悲心。所以，"普利一切"的心叫作禅心。禅是自我的训练，时时观照念头，假以时日，内在的世界宽广了，自然能放下人我是非。

禅的譬喻

自古以来，谈禅者众，但许多人并不能完全了解其中的真义，以为"禅"是外相上要"如如不动"，心念上要"万念不生"，甚至有人参禅参得如槁木死灰般，以为那样才叫作"禅"。其实"禅"就是我们的心，禅很美，禅很真，禅很善，禅是无限，禅是自然。以下四点看法：

第一，禅，有如山泉清流

你认识禅吗？禅像山林里潺潺山泉，又像涓涓溪流，它浑然天成，不假造作，它自然而流，不带勉强。世人皆说流水无情，流水真是无情吗？禅家却云："溪声尽是广长舌。"你看，淙淙清泉，山穷水尽处，它百转千折，却随缘安然，任运逍遥；它澄澈见底，而甘纯清净，可以涤人俗虑。

第二，禅，有如银雪洁白

雪，富有晶莹的特性，雪，给人洁净的感觉。禅，像银白的雪一样清净，没有杂染；禅就是这样，没有歪曲、掩饰。

第三，禅，有如圆月光明

禅如天上圆月，光明却不锋芒，柔和却不矫情。它遍照山河，没有偏私；它展现圆满，没有隐藏。

第四，禅，有如空山寂静

唐朝诗人王维《鹿柴》诗云："空山不见人，但闻人语响，返影入深林，复照青苔上。"禅就像这样。

空山寂静，好像大地不存在了，树木草花，却蕴含无限生机；不见一人，但听而不听、不听而听；声而无声、无声而声，"大音希声"却充塞其中，那就是禅。

《佛光菜根谭》云："有禅，就像有花朵，能芬芳香郁；有禅，就像有山水，能美化环境；有禅，就像有油盐，能增加百味；有禅，就像有阳光，能照古鉴今。"禅是什么？ 一幅山水画，放在客厅里，就能增添客厅美好的气氛；煮菜的时候，放一点油、加一点盐，就能让食物变得美味；一盆美丽的花朵，放在窗台上，就能在烦乱的生活中，让人赏心悦日。

我们做人、说话、做事也要学习有一点禅味。过去许多画家、诗人，甚至现代的航天员，上太空前，都要去学禅，为什么？ 就是要在禅里面，能安身立命。

禅是什么？ 其实就是你自己，就是你的心。

禅机

一般人在日常生活里，几乎都是被别人牵着鼻子走，失去了自主性。因为别人一句话，左右了自己的喜怒，哪里有自我？因为别人一个眼神，影响着自己的情绪，哪里能自在？甚至久远以前的一句话，为何老在心中"过"不去？那就是因为生活中没有禅。

有了禅，可以把我们的烦恼妄想止于无形；一句难堪的言语、一个尴尬的动作、一段不悦的往事，在禅的洒脱、幽默、勘破、逍遥之中，一切都会烟消云散。因此，如何让生活中充满禅机，有四点：

第一，应对要讲禅话

有的人不管走到哪里，都像一阵春风，能让沉寂的大地复苏，能让冷漠的心灵活络。

究其原因，主要是因为他讲话幽默、机智、风趣，能够带给人欢喜、信心、希望，这就是禅话。因此，我们和人应对，除了注重应有的礼貌以外，还要讲一些禅话，也就是讲一点慈悲的语言，讲一点给人欢喜的语言，讲一点真、善、美的语言，千万不要让自己讲出来的话粗俗不堪，那就不是禅话了。

第二，来往要听禅音

有一些人闲来无事，专门好打听别人的隐私、好传是非、好听一些闲言碎语，让自己成为是非之人，实在可惜。其实世间诸法，都是对待之法，如来去、上下、有无、生灭、大小、内外、善恶、好坏等。我们妄心，终日就在这些对待法上起种种分别，时而这样，时而那般。若能心不随意转，则"只手之声"，皆美妙无比，这就是禅音。

第三，工作要做禅事

人每天少不了要工作，工作就是要做事情，我们要做什么事情呢？要做禅事！诸如有利于国家、社会、大众的事情，就叫作禅事；乃至禅门里，"搬柴运水无非是禅"；吃饭、睡觉也都是禅。只要能自利利他、自觉觉人、自度度人的事情，都是禅事。

第四，修行要用禅心

人，应该要有宗教信仰，有信仰才有目标，有信仰心中才有主。不过更重要的，每个人都要有自己的修行。如何修行？就是要有一颗禅心。禅心就是包容的心，禅心就是平等的心，禅心就是感恩的心，禅心就是自我要求、自我惭愧的心。一个人能用禅心去体会世间人生，将我们的菩提心、般若心、禅心参究出来，人生才会更加美好。

禅，没有形式，没有语言，更没有文字，其中奥妙不便说破，端看个人心领神会，心心相印。但只要一心参禅，必可净化人心，找到自我。

禅观的世界

佛教讲"十法界"，人有人的世界，天人有天人的世界，地狱、饿鬼、畜生也有地狱、饿鬼、畜生的世界。不但"六凡四圣"各有各的世界，甚至同样是人，每一个人的世界都不一样。有的人眼里只有金钱，他就把自己安住在金钱的世界里；有的人心中只有爱情，爱情就是他的世界；有的人生命中只有功名利禄，所以一生都在功名利禄的世界里奔波忙碌。其实，客观的世界都一样，只是各人的心境不同，读书人有读书人的世界，禅者也有他的禅观世界。"禅观的世界"是什么样的境界呢？有四点说明：

第一，是刹那的，也是永恒的

在禅观的世界里，刹那不算短，劫波不是长。所谓"一念三千"，刹那之间的一念，具足了三千大千世界，一刹那之间就是无量阿僧祇劫，就是永恒。因为在禅者的世界，泯灭了大小、有无、长短、远近、你我、自他的对待，在禅者的世界里，一即一切，他把法界一切都融会贯通了，因此刹那即是永恒。

第二，是渺小的，也是伟大的

"一花一世界，一叶一如来"，在禅观的世界里，一花一叶、一沙一石，都是无边的法界。所谓"须弥纳芥子，芥子藏须弥"，一般人认为渺小的芥子都能藏须弥，所以禅者的世界里，是渺小的，也是伟大的。

第三，是烦恼的，也是菩提的

一般人认为烦恼是烦恼，菩提是菩提，其实"烦恼即菩提"，没有烦恼，便没有菩提可得。就如还没有成熟的菠萝、柿子，很酸、很涩；但是经过风吹日晒，以及霜雪雨露的滋润，当它成熟以后再吃，好甜！甜从那里来？就是从酸、涩而来。所以，是烦恼的，也是菩提的，菩提不是有另外的别处可求，只要我们把烦恼一转，就如同转酸涩为甜蜜一样，烦恼自然可以化为菩提。

第四，是生死的，也是涅槃的

生死是人生的实相，有生必然有死。一般人害怕谈死，其实死并不可怕，因为真正的生命是不死的，死亡朽坏的只是身体，我们的真如自性、法身慧命没有生死。所以，禅者的境界里，生命是永恒不死的，永远在涅槃里，永远如如不动，这才是真实的生命。

禅，是超越对待的，是平等一如的，在禅者的见闻觉知里，没有长短，没有大小，没有净秽，没有生灭。

禅的真理

真理有普遍的、必然的特性，真理是每个人希求的目标。禅者就是追求真理的人，禅师因为体证到真理，领悟到自家的本来面目，认清生命真实的世界，所以能洒脱自在。禅的真理是什么？

第一，大中有小，小中有大

一般来说，大中有小，可以理解，但小中有大，怎么可能呢？人的脑袋很小，但许多人学富五车、读破万卷书，这些都在脑子里。有智慧的人，可以从一粒小沙子，看到整个世界；佛教的"一念三千"，一个念头，就包含了三千大千世界；华严宗的"因陀罗"境界，每个世界远近大小，都是光光相照，彼此辉映，就是你中有我，我中有你，小中有大，大中有小。

第二，同中有异，异中有同

同与不同，看似两边，其实是彼此相容的，好比同样是军人，分为陆海空各种兵种，共同保护国家；禅者在同中容许有异，在异中容许有同，彼此尊重，相依共存。《宏智禅师广录》里写道："同中有异，功亡就位；异中有同，在位借功。"虽然方法、技巧各有不同，只要彼此在理想、目标上一致，就能"异中求同，同中存异"，彼此相互成就。

第三，动中有静，静中有动

有的人能动不能静，有的人能静不能动。禅者的训练是"静中磨炼，动中养成"、"静如处子，动如脱兔"，在动的时候，身忙心不忙，在寂静的时候，心中仍然具有热诚。动与静的配合，好像"云以山为体，山以云为衣"的境界，又如宋儒程颢说："动亦定，静亦定，无将迎，无内外"，在静中有活泼的举止，在动中有宁静的力量。所以人生要能动能静，动静一如，动中有静，静中有动。

第四，空中有有，有中有空

"空"，好像是一无所有，但虚空却能包罗万象。其实，要空才能有，空掉"迷"的执着，才能装得下"悟"的真理。好比茶杯空了才能装水，皮包空了才能放钱，乃至鼻子呼吸，耳朵闻声，嘴巴嚼物，肠胃纳食，不都是"空"了才能"有"吗？禅的世界，是真空不碍妙有，妙有不碍真空，空中有有，有中有空。

禅的修行

修行有各种法门，有人欢喜念佛修净，有人专心持咒修密，有人则好打坐参禅。尤其在现代社会，禅的修行更引起普遍的重视与欢迎，它除了帮助我们消除烦恼、安顿身心、开发潜能等种种功用外，主要参禅有四点意义：

第一，肯定自我

所谓"丈夫自有冲天志，不向如来行处行"，一个禅师，他不依圣言量，不拾人牙慧；他直指本心、见性成佛。他是一种"心行处灭、言语道断"，泯除一切世俗名言框架的潇洒自在，是一种"任凭天崩地裂，且奈我何"的自我肯定。

第二，坐断乾坤

禅的修行就是要把山河大地、乾坤宇宙都放在自我的心中，把自己融到无限的时空里去。他把将迁流动荡的身心与虚妄不实的外境，全都消溶了，所谓"乾坤容我静，名利任人忙"，把无碍的本心，跨越到无尽的虚空中，不再为世间、名利、人我所束缚。

第三，大死一番

禅能够让我们从烦恼里解脱，从生死里超越。所谓"世事纷纷如闪电，悲欢离合多劳虑"，人活在滚滚红尘里，难免要面对种种人事、身心上的纷扰折磨；一个参禅者为了勘破无明、成就道业，能够经得起烦恼的烈火焚烧与人事的千锤百炼，必能在思想上、观念上大死一番。

第四，方便权巧

参禅的人要有方便、要有善巧。所谓法无定法，能随机应变才是大用。一休和尚的"做女婿"，权巧挽救一条自杀的生命；仙崖禅师大喊"快来看，杀人了"，巧妙化解一场激烈的争吵。懂得禅的方便权巧，懂得禅的运用高妙，自然能泯灭一切尘埃，流露无限慈悲，无限禅机。

禅的修行不是"三冬无暖气，枯木倚寒崖"，也不在"眼观鼻、鼻观心"而已。有了禅，就不会斤斤计较于五欲尘劳；有了禅，生活就可以充满生命力。禅不是佛祖的，禅是每一个人的；禅也不一定打坐，行住坐卧都可以修禅。先学禅，要有静的时间，人忙心不忙，事多心不烦，每天有 10 分钟沉静的修养，自然懂得功用。

禅者的风范

现在的社会，一般人都希望在忙乱的生活里，能有禅的修养。禅，可以帮助人宁静致远；禅，可以帮助人明心见性；禅，可以稳定心灵，让人不受外境影响，任何时刻平静安详；禅，可以增加勇气，让人提起希望信心，拥有再出发的力量。然而，一位禅者的风范是什么样子呢？以下四点供参考：

第一，自食其力维持生活

一个禅者，他不是要靠人家来养他，不是靠人家来维护他，他有独立的性格，独立的生活原则。所以过去的禅者，他不贪图利益供养，他自耕自食，一钱、两钱就可以维持生命。好比，百丈怀海禅师"一日不做，一日不食"，普愿禅师在南泉山挑水煮饭三十年，很多禅师都在弯腰劈砍、直身挑担之间开悟了；而现代禅者，也要有一份正当的工作、务实本分，不懒惰、不依赖，从自食其力的生活中，成就修行的道粮。

第二，不宣说自我的成就

有很多人自我标榜、自我宣传、自我夸张，这都不是禅者的风范。真正的禅者，处事沉稳低调，纵然在禅修上有所体悟，有所慧解，有所成就，他也不肯告诉你。例如沩山灵佑禅师不肯告诉香严智闲禅师"什么是父母未生前的本来面目"，智闲开悟后，沐浴焚香，感谢灵佑禅师的不说破。所谓"如人饮水，冷暖自知"，禅，是自己去心领神会的，而不是宣说自我成就的。

第三，修福修慧感恩知足

一个禅者，他不是空洞的证悟，或是自了自足就完成修行了。在他的生活里，还是重视修福修慧，对世间成就他的修行因缘，感恩知足。因此，他扩大自我，行佛之所行，做佛之所做，发愿回向一切，日子也就过得其乐融融。

第四，重视师承树立家风

从佛陀"拈花"、大迦叶尊者"微笑"开始，禅就代代相传至今。一个禅者，他非常重视老师的传承，因为他的禅法都是从老师那里得到传承，从老师学到身教，学习家风的树立；所谓"一日为师，终身为父"，禅者不忘根本，因此维护法脉绵延数千年。

"一日修来一日功，一日不修一日空"，禅者将生活简单化、单纯化，所以从言谈举止，可以感受他的禅风道气，流露的真心、真情、真实、真义，是会感动人的。

卷二 ｜ 心的管理

最好的管理就是自我管理，
所谓"心治则身治，身治则一切皆治"。
让自己心中有时间观念，空间层次，
做事原则，情绪管理以及大众的利益，
心地才能够慈悲柔和。

心的管理(一)

　　管理学是一门学问,所谓人事管理、财务管理、企业管理等,这些管理都还容易,但心的管理就困难了。因为心有太多种,善心、恶心,好心、坏心,信心、疑心,贪心、嗔心、痴心等等,所谓"佛说一切法,为治一切心;若无一切心,何用一切法"。能够把自己的心管理好,这才是最重要的管理。如何管理,以下四点提供:

第一,用舍心来管理贪心

　　《大智度论》:"有利益我者生贪欲,违逆我者生嗔恚,此结缚不从智生,从狂惑生,故是名为痴,为一切烦恼之根本"。贪得无厌、自私自利之人,不但障碍修行,也不得人缘。如果能转贪心为喜舍心,广结善缘,舍掉自己的分别执着、贪爱束缚,将欢喜、方便、希望布施予人,自然无所挂碍,获得自在。所以,人的贪取心能减少一分,喜舍心便能增长一分,则福报就会不求自生,因此"有舍必有得"。

第二,用慈心来管理嗔心

　　有的人嗔心一起,则口出恶言,大动干戈,甚至残杀生命,如此一来,智慧没了,理性被蒙蔽,不仅恼害众生,也障蔽本自清净的佛性。所谓"嗔心能烧诸善根"，为人处事，要能但从柔处不从刚，但从慈心不嗔恨。调伏嗔恼，以慈心来管理，不但能对治自己的嗔心，也能化解他人的嗔心，达到冤亲平等，问题也才能解决。

第三，用智心来管理痴心

所谓"愚痴无明生众苦"，愚痴乃人生大病，是对世间认识错误，对因果颠倒看法，没有通达事理的智慧，使人纵欲逐世，闻善生厌，是我们起惑造业、轮回生死之本。因此，佛教以般若智慧来引导愚痴，懂得观察因缘，痴心则减少，头脑自然冷静理智，条理清楚，处理事情才能圆满顺利。

第四，用虚心来管理慢心

与人相处，自恃聪明而骄傲自满，这是我慢心；自己事事不如人，却不愿向他人请益、学习，甚而暗地毁谤对方，这是卑劣慢。有位哲人说："宇宙只有五尺高，六尺之躯的人要生活其中，必须低头才能顺利。"我慢的高墙不仅隔绝自己的视野，也交不到朋友。若以虚怀若谷之心待人，反而更显高贵，别人也会更肯定我们的成就，与我们来往接触。

其实，最好的管理就是自我管理，所谓"心治则身治，身治则一切皆治"。将自己的心先管理好，让自己心中有时间观念，空间层次，做事原则，情绪管理以及大众的利益，心地才能够慈悲柔和，将自己的心管理得人我一如，才是最高的管理。

心的管理（二）

没有修心，没有养心，我们经常任由自己的心在那里造业、妄动、为非作歹，就像猿猴，跳跃奔驰不已；又像脱缰的野马，顽劣不羁，难以调伏。心好比一座工厂，需要制度管理；心也像流水，所谓"心如水之源，源清则流清"，水也要治理，否则容易泛滥成灾。心不管理，最大的受害者是自己，要如何进一步来管理我们的心，以下四点提供：

第一，用信心来管理疑心

所谓"狐疑不信""疑心生暗鬼"，一个人心生怀疑时，经常会胡乱猜测，信以为真，不但自己惴惴不安，混淆知见，徒增困惑烦恼，对别人也容易生起疑心、顾虑，因此错怪别人、误会别人。其实这全是心理作用。心中坦荡的人，不会无谓猜忌，信心清净的人，不会乱起无明，所以对人、对事、对己要能明理、要起信心，用信心来管理疑心。

第二，用净心来管理秽心

家里尘埃遍布，要打扫清洁，住起来才会心旷神怡；环境器皿肮脏了，要拂拭清洗，才能焕然一新。我们的心染污时，要如何清理呢？世间的水，只能清洗身体上的污浊，内心的尘垢，就算跳进圣河，也无法去除，只有靠法水才能净化。何谓清净的法水？例如受持净戒、深信因果、慈悲喜舍、惭愧感恩、不起贪嗔痴心等，并且落实在生活之中，心灵才能净化。

第三，用定心来管理乱心

一潭水，你丢入大石头，就会变得混浊污秽、动荡不安。我们的心也像一潭水，经常被烦恼无明打乱，所以要透过定的功夫，来整理散乱的心思。心湖平静了，就容易看清事情的真相，才能理智思考原委，很多问题、症结，就可以豁然贯通，迎刃而解。

第四，用真心来管理妄心

常言道"细水长流""日久见人心"，为人处世也是一样。你待人虚情假意，说话不真、用心不实，想要获得别人的信任，实在难矣。你以真心待人，让人感到你的诚恳实在，自然别人对你产生信赖，进而卸除猜疑、戒备，视你为知心朋友，而乐意与你往来。

佛教里说人心有八万四千烦恼，佛法也有八万四千法门来管理这个心。我们先把自己的心管理好，做人才会好，进而事情也才能处理好。

发心

在社会上，我们经常怕被人家看不起，感到许多不公平；在团体里，也会想："怎么故意埋没我这个人才？怎么长官不提升我？同事们没有拥护我？"没有被提拔重用，当然有好多原因。不过只要一个人肯发心，会给人肯定的。你发心奉献，发心服务，发心勤劳，发心待人好等，就会有许多功德，以下四点：

第一，时间会给我们成就

你在一个机关团体努力够久，时间就会给你成就的。就是倒茶扫地，一服务 10 年、20 年，领导必定会注意你、肯定你，大家喝过你泡的茶，也必定会尊重你、感谢你。问题是我们肯花 10 年、20 年的时间吗？所谓日久见人心，交朋友，你不可能三五天就认识；做事也不能只做三个月、五个月就跳槽。因此，只要做得久，做出心得，时间会成就我们。

第二，历史会给我们肯定

日子一天一天过，历史也是一天一天成就的。我做人做事，从过去到现在，只要我发心，历史不会不给我肯定的。就像有人为国家当兵服役多年，政府不会不给他退伍费；一个老师在某个学校服务数十年，也不会没有退休养老金。所以，只要有历史，人家会给我们肯定。

第三，后辈会给我们尊重

一个人到团体里3年、5年、10年，而你已经待了30年，他一定敬重你是老前辈。有一位日本僧人到中国参学，看到天童寺一位老和尚在大太阳下晒香菇，问他负责什么工作，老和尚回答："典座。""多久了？""60年。"日本僧人一听，不禁肃然起敬。老年的经验阅历丰富，只要你做人好，老成持重，你的发心会让后辈尊重。

第四，大众会给我们定位

一般人总以为不得领导的缘，就灰心丧志，其实只要你做得好，你有了贡献，领导不喜欢你没关系，大众会喜欢你。所谓"因缘具足，龙天推出"，他们看到你的发心，会推选你，会给你定位。但假如你没有能力，领导私心提拔你，大家也不认定、不服气。因此我们想要有成就，要靠自己发心、贡献。

做人做事不要不耐烦，以为3年、5年这么久了，没有受到重视，是大家辜负你。凡事要讲求时间因缘，就像腌酱菜的时间不够，自然不好吃，等到腌透了，就会可口。只要你发心，耐得住烦，必定会有成就。

运心

　　工厂机器运转顺畅，产量就会提高；交通物资运输流畅，经济就会活络。运用双手灵巧做事的人，我们赞美他"双手万能"；运动场上，田赛径赛俱佳的人，我们说他是"十项全能"。人都有一颗心，要怎么运，才能开发我的心，增加它的价值，发挥潜能呢？有四个方法：

第一，改革来自决心

　　国家社会要改革，当政者要有决心；公司机关要突破，执行者也要有决心。甚至我们自己也有很多的恶习，很多的不健全，所谓"积习难改"，要改革也要有决心。决心让人坚持到底，不致半途而废；决心让人突破困难，才能重获新机，只要下定决心，它正是从改革推向成功的力量。

第二，创造来自用心

　　1816年，勒内克医生散步时，看见孩子们贴在树枝的一端，倾听另一端大头针的敲击声，因而发明听诊器，将诊断的医术向前推动一大步；1946年，在微波实验室工作的伯西史宾塞，因口袋里的巧克力棒融化，发明了微波炉，大大影响现代人的生活饮食习惯。

创造是本来没有的，我可以"无中生有"；"建设"是本来不好的，我可以把它重新创造得更好。如何好法？用心观察。

第三，教育来自爱心

孔子说："活到老，学不了。"除了家庭教育、学校教育，现在企业鼓励在职进修、政府民间开办社区大学，甚至你到哪个机关服务，也是要再学习。可以说无论什么地方，什么年龄，都是在受教育。在教育的当中，无论是教者，无论是受教者，彼此要爱心相待，因为爱心让人产生信心，爱心让人感到温暖；在教育中，你珍惜我能教你，我珍惜你要教我，彼此共同成就一段学习的因缘。

第四，服务来自发心

现在很多的事业叫"服务业"，主要以服务的真诚赢得消费者的青睐。许多人欢喜当义工，他不求待遇，也是以服务的精神，发挥生命的热力。社会的光明、善良、可爱，就因为人类具有这种服务的性格。服务的精神来自发心，内心开发，就有能源，内心开发，就有力量，如同开发土地，土地就能长东西，你开发了内心，就有力量服务。

有运，就能创造；有运，才有希望；有运，才会更新；有运，就有力量。运思成文，才有千古传唱的佳作；运筹帷幄，才有决胜千里的成功。所谓"户枢不蠹，流水不腐"；天行健，所以自强不息；常运心，生命可以不朽。

驭心

有时候，常听到有人埋怨，怪别人不肯听自己的话，其实，最不听话的是我们自己。我们的心，今天要求这样，明天希望那样，总是翻来覆去，心猿意马。你能把自己的心好好地驾驭、掌握吗？在此提供"驭心"的六种法门：

第一，闹时练心

古云："静中静非真静，动处静得来，才是性天之真境。"心要能在喧嚣吵闹的情境中，保持住本心的平静，这才是真功夫。古来祖师大德，在劳作中打透禅关，维摩大士弘法于红尘里；庞蕴居士一家人悟道于俗务中；身居高位的斐休、杨亿在官场中一面运筹帷幄，一面参禅学佛。这些都是"热闹场中做道场"练心、修心的典范。

第二，静时养心

三国诸葛亮说："宁静以致远。"想要达成远大的目标和成就，需先让自己的心沉静下来。我们都有一颗虚妄的心，常在乱念中起无明，滋生迷思，尤其在情绪低落时，容易生气，逞意气，造成无法弥补的后果，宛如汹涌的浪潮掀翻船只。佛经云："静念投于乱念里，乱心全入静心中。"纷乱的心回归平静时，正是摒除外物妄心拨弄，独坐观照，善护自心的时刻。

第三，闲时守心

忙碌的现代人，大多羡慕出尘隐士没有世事的忙碌和人情的困扰，过着闲云野鹤、逍遥自在的生活。其实悠闲时，如果不能摄心守意，缺乏定力正念，反而容易心生闷慌。古语云："山中剩有闲生活，心不闲时居更难。"所谓"闲生活"，指的是我们要能适时将尘世俗务放下，人我是非放下，过往恩仇放下，困扰执着放下。因为守得住心，才能享有真正的悠闲自在。

第四，坐时验心

有谓"坐破蒲团不用功，何时及第悟心空？"一个人光在形式上修行，尽做表面功夫，而不用心修持，即使把蒲团坐破了，依然不能入道。参禅不是打坐，念佛也非靠口念，而是要清楚检视个己的起心动念。在人生的舞台上，不管我们在哪一个阶层工作，主角也好，幕僚也好，都要守本分，能负责，配合整个大团体的运作，在自己的工作岗位上，尽力而为，因缘具足，必定会有收获的。

第五，言时当心

佛教里要人戒除的十恶当中，口犯的两舌、恶口、妄言、绮语就占了四项，可见口业的过失，比身心造业还来得快、来得多，切勿逞一时口舌之快，造罪惹祸。在日常生活中，言语是我们人际和谐、事业成败的关键，"爱语如春风，恶语如秽器"。希望大家都能以如春风般的话语扬起众生信心的风帆，以甘霖般的话语温润众生干涸的方寸，以阳光般的话语照破众生的爱见无明，以净水般的话语涤尽众生的五欲尘劳。

第六，动时制心

《菜根谭》云："不可乘喜而轻诺，不可因醉而生嗔，不可乘快而多事，不可因倦而鲜终。"人在情绪起伏的时候，很容易感情用事，判断错误，而事后招致悔悟。人心浮动，就像水面泛起阵阵涟漪，不能如实映照景物，看到别人华厦轿车，便嫌自己屋子简陋、车子破旧，甚至铤而走险，作奸犯科，让自己陷入罪恶的深渊，无法自拔。我们在动荡的情境时，要摄心保持正念，清清楚楚地知道自己的心思举止，不能任凭妄心浮动，如此才能做到以静制动的境界。

古语云："心如平原走马，易放难收。"我们的心就像脱缰野马，到处奔窜，如何能安定下来呢？请参考以上驭心的六种法门。

疗心

人在四大不调时，身体就有病；遇到不如意的事，心里就有病。身体上的不适，还有医生为我们治病；但是心里生病了，要怎么治疗呢？尤其心理上"损人不利己"的毛病，社会上随处可见。看到别人跌倒了，哈哈大笑；看到人家吃亏了，不但不帮助，甚至还幸灾乐祸；喜欢讲话损人、故意刁难人等等。如何治疗这种毛病呢？

第一，要与人为善

三国时刘备告诫儿子："勿以恶小而为之，勿以善小而不为。"每一件善行，都是一个让我们上进、学习的机会。凡是好事，不论事小、事大，抱着"与人为善"的精神，自能皆大欢喜，广结善缘。因此，肯与人为善的人，拥有更多的机会；肯与人为善的人，容易获得成功。

第二，要遇事随喜

随喜是一种心意的净化，是光明的生命态度。你做好事，我随喜助成，你成功了，我随喜赞叹。虽然我做不到，或者我没有参与，但它的功德与亲自去做是一样的。因此遇事随喜，不但可以给人欢喜，自身也可获得利益。利人又利己，随喜的世界，无限美好。

第三，要生活随缘

随缘不是随波逐流，而是珍惜当下，随遇而安；随缘也不是随便行事，而是立场互易，随顺环境。随缘让我们认识因缘，所作所为，不能只想到自己，更不能刻意对人不利；随缘让我们心如大地，承载世间的人事物，不比较不计较。生活随缘，少欲少求，身心定能自在。

第四，要方便服务

对于朋友、亲戚、同事，甚至邻居，我们要给予大家一种方便，给予大家一些服务。例如路不好，我们协助把路修好；环境不干净，我们把环保做好；乃至有人想成就事业，发生困难，我们助他一臂之力，不但对自己无损，还可以对别人有利。只要我们发心为人服务、提供方便，这"损人不利己"的毛病，自然就能治好。

我们常说："心病还需心药医。"心生病了，最根本的治疗，还是在于自我内心的健全。

看心

人平日会看人、看事、看物、看山河大地、看日月星辰，甚至看自己的手脚，却看不到自己的心。俗话说："世有百千闲日月，人无一点好身心。"世间尽管有多少闲适的岁月，但是人实在很难保住清净自在的身心。如何看好心呢？有四点意见提供大家参考：

第一，常内观以定心

我们的心念犹如猿猴跳跃，也像瀑布湍流，念念不停；前念决定的事，后念又幡然反悔；前念生出善意，后念又升起傲慢，若不小心守护，就会在烦恼的五欲爱河中翻滚浮沉，在六道之中生死轮回不已。"心"好比大地，需要被开发，透过内观照护自己的心念，将内在的能源和静定的力量开发出来，必能让心地绽放般若的花朵，结出菩提的果实。

第二，研经教以澄心

佛教不同于其他宗教的地方，在于佛教非常注重慧解，强调信仰要建立在理智上，而不是一味教人"信"而已。然而，从过去以来，多数佛教徒只重视拜佛诵经，祈求福禄，不但不能提升层次，而且有碍佛教发展，实在可惜。研习经教，尤其可以采取读书会的方式，彼此切磋，互相勉励，将佛法落实生活，利己利人，才能达到解行并重的目的。经过深研和思维的教理，才能成为自心澄湛的法宝。

第三，去贪嗔以净心

古人云："饮宴之乐多，不是好人家；声华之习胜，不是好士子；名位之念重，不是好臣士。"贪爱的习性，使我们的心终日攀缘外境，产生许多痛苦。又谓："一念嗔心起，百万障门开"，社会上常看到，有因一言不合而各奔西东，或一句不顺心的话语而大动干戈，乃至一个不经意白眼，招来杀身之祸，这些都是嗔心炽盛带来的不幸与灾难，戒除贪爱与嗔恚实在重要。因此我们要发心调整自我的习气，进而净化自己的心灵，除去贪嗔的过患。

第四，明古训以警心

有云："读书不见圣贤，如铅椠佣。"读书的真正目的，不是像"誊录生"一般，只是寻章摘句，而在于体会古代先贤的言行，将它的精神内化为自己的人文素养。因此，我们拜读古德书文、名家格言、伟人传记、先贤训词，要懂得深思、明白其精神要旨，并时时警惕自己效法学习，如此便能庶几无过，日益进步。

身心的活动，深深影响着我们生活的苦乐、内心的净染，如何正确认识和导正身心活动方向，"看心"的法门，可以作为我们修正的参考。

平常心

什么是平常心？有一次，有源律师问大珠慧海禅师："和尚修道还用功否？"禅师答道："用功。"有源问："怎么用功？"大珠慧海说："饥来食，困来眠。"有源又说："所有的人都如此，怎么算是用功呢？"大珠慧海回答："那不一样，他们吃饭时不肯好好地吃，百般思索；睡觉时不肯好好地睡，千般计较，所以不同啊！"

如何有平常心？

第一，得财不喜是平常心

人之性，在有所得；老年得子，贫时得宝，寒时得衣，饥时得食，都喜不自胜。有所得不禁欢喜，此乃人之常情，但是有修养的人，"不以物喜，不以己悲"，钱财有无，在他看来不是很重要，所以得之不喜，失之不忧，这就是平常心。

第二，失利不忧是平常心

世间上，好事不常有，难堪事则经常发生。有的人生意经营不善，失利了；股票崩盘，失利了；甚至某些大公司也会倒闭。失利时，有人想不开，烦恼忧虑，有人看不开，情绪失常。所以佛法讲"有日要思无日时"，得财固然是好事，失利也是常事，何必太计较？

只要有信心，一切都可以再来，这就是平常心。

第三，享誉不骄是平常心

人在无所得时，尚能保持一颗平常心，一旦享有荣耀名位时，就不容易有平常心了。例如体育竞赛，胜不骄，败不馁，就是平常心；创业时，享誉不骄，受辱不计，就是平常心。历史上，韩信不计较"胯下之辱"，所以能成就大事，这就是平常心。

第四，受谤不恼是平常心

一个人受到别人的毁谤，叫他不气恼，非常不容易。尤其感觉委屈冤枉时，更如火上加油，心生嗔念，甚至与人拼得你死我活，不肯罢休。假如受谤时，能自我反省，有则改之，无则加勉；被人冤枉了，心想这是为自己做一警惕，不怀嗔恨，仍能如如不动，那就是平常心。

有了平常心，有所得时就不会过分贪求；有所失也不会过分烦恼；有了荣耀，看成是大家的成就；受到毁谤，反而觉得受到了教益。能以平常心处世，人生何处不春风？

用心

佛子修行要有道心，学生读书要能专心，成人做事要能真心。心，好比一座宝山，蕴藏无比丰富的资源，只要用心开采，就能取之不尽，用之不竭。只是，日常之中到底要如何"用心"呢？有四点建议：

第一，用善心为法

世间一切森罗万象皆称为"法"，法有善、恶，就看我们取什么样的法。《七佛通诫偈》云："诸恶莫作，众善奉行，自净其意，是诸佛教"；古德作"功过格"，日日自我反省；童子军日行一善，作为实践的方向；我们又怎能妄自菲薄？因此，我们要发起善心，鼓励安慰，给人信心；点头问好，给人欢喜；随口功德，给人希望；举手之劳，给人方便，这都是用心可做的善事。养成习惯，内外一如，必定能为生活带来无限的和乐光明。

第二，用律心为戒

校规、法律是来自外在的约束，属于他律；佛教的戒律，是发自内心的自我要求，属于自律。戒律如交通规则，即使平坦如高速公路，如果不遵守，随时有发生车祸的危险。同样的，在人生旅途上，如果不持戒，随时会有犯过招祸的可能。因此能在行为举止上，遵守戒律，就能维护身心清净，不违过失；能在待人处世上，守戒自律，就能不侵犯他人，自他和谐，人生才能幸福平安。

第三，用道心为体

道心是修持的根本，好比树有了根，枝叶才能茂盛；有了道念，才能超越世间，不被纷扰所惑；有了信愿，才能超越升华，不被烦恼所转。道心更是发起菩提心的动力，是在心甘情愿，牺牲小我中，扩大自己；在无私奉献，服务利行中，培养道德情操。以慈悲、忠诚、发心、承担的精神服务团体、结缘大众，必能自利利人，自他成就。

第四，用仁心为用

仁就是慈悲，慈悲是净化的情、升华的爱，是无私而智慧的布施、奉献和服务，是不求回报成就对方。有仁慈心的人，处处为人着想，时时护念众生。古代高僧大德，如智严躬处疠坊、高庵看病如己，不舍一人；甚至像智舜割耳救鸡、僧群护鸭绝饮，悲悯苍生疾苦的精神泽及傍生，不但为时人所崇仰尊敬，也为后人立下仁慈心的楷模。只要每个人多用一点心，这世间会更净化，人间会更美好；让我们一同用心。

如何用心

日常之中，读书要用心，做事要用心，做人也要用心，无论做什么都要用心。所谓"用心"，到底要用什么心？有四点看法：

第一，用无贪的心，逍遥于天地之间

人有贪心，难免"为物所役"，因而自我束缚、自我限制、自我缩小，不得自在。反之，超然物外的人，可以逍遥于天地之中，享受清风明月，何等洒脱自在。所以，做人不要戚戚于贫贱，不要汲汲于富贵，能够不忮不求，才能随缘放旷。

第二，用柔软的心，待人于情理之内

做人要有情有义，做事要合情合理，所谓国法之前，也要兼顾情理。世间一切都不能脱离情理，人我之间如果不能恰如其分、合乎情理，就会产生烦恼。所以，做人不能太耿直，更不能太严苛，能够保有一颗柔软的心，待人于情理之内，对人多一些包容、多留一些回旋的空间，世间就会更温馨，更有人情味。

第三，用体谅的心，化物于无住之境

做人要有体谅的心，要经常设身处地为别人着想，人际关系才会和谐。一个人如果凡事只站在自己的立场，完全不去体谅别人，很容易和人产生对立，如此对方就会成为我们的障碍。所以，做人不要经常跟人划清界线、壁垒分明，甚至敌对起来。《金刚经》讲："无我相，无人相，无众生相，无寿者相。"能有体谅的心，就可化物于无住之境，则"无住"反而"无所不住"，到处都可以安身立命。

第四，用精进的心，应用于为学之道

一部汽车，尽管零件、性能再好，如果没有加油，缺乏动能，它就无法上路；一个人资质再优秀，如果不肯精进用功，终究一事无成。精进是成功的动力，不管为学、创业，都要勤劳精进，不可懈怠偷懒；就如登山爬坡，必须不断勉力向前，才能到达峰顶。

佛教讲，学佛最高的境界是"无心"；但是，在世俗的生活里，为人处事还是要处处用心。

用心学习

现在社会提倡"终生学习"，学习是一辈子的事，学习也是自己人生的课题。平常除了父母、学校、社会所施予我们的身教、言教及境教以外，其实真正的学习还是要靠自己。如果自己不争气、不用心学习，即使聘请再高明的老师、专家来指导，也是学不成。所以，如何"用心学习"？有四点意见：

第一，眼要看、口要问

学习的时候，眼睛要专注地看着老师、课本、教材等目标，才能加深印象。甚至"读万卷书，行万里路"，出外旅行参学，更要懂得用眼睛去看；要能看出各地的历史、地理、风俗、文化，才不会枉费草鞋钱。但是，有时候自己看也不一定能看得懂，这时就必须开口去问，所谓"学问、学问"，学而不问，则不懂的永远还是不懂，所以要"不耻下问"，才能进步。

第二，心要用、耳要听

心是一个人的主宰，不管学习什么，用心最重要；如果心不在焉，再好的知识也灌注不到你的脑海里，自然无法和你的心灵相应。因此，"心要用"，加上"耳要听"；耳朵听闻是学习的一大利器，佛经说："此方真教体，清净在音闻。"娑婆世界的众生耳根最利，一个人即使在黑暗的地方，或是一墙之隔，都能听闻得到对方讲话，所以人应该善用耳根，好好闻思修。

第三，手要写、脚要行

读书要会分析、归纳、演绎，要随手做笔记。一本书读过以后，如果能写读书心得最好，不然至少要把一些格言、佳句动手记下来，事后不断地"温故知新"，才能日有进步。乃至听讲演，更要随手记笔记；记录下来，不断复习，才是你的。

现代人都是习惯存到录音机，或是存到计算机里面，就不再运用，如此记得再多，也没有用。所以"手要写"，甚至"脚要行"，对于不懂的，要勤于跑图书馆查阅，或是到处寻师学道；能够不畏千里奔波之苦，才是学习应有的态度。

第四，意要勤、念要明

为学首先要意志坚定，要有毅力、恒心，能经"十年寒窗无人问"的辛苦，才有"一举成名天下知"的成就。因此心意要勤劳、要追求、要探讨、要研究、要揣摩；并且念头要分明，对于自己的心念，要念念分明。在佛教里，谈到修行，所谓念佛要念念分明，参禅要观照分明；念头一明，则如水清鱼现，何愁智慧不开、学业无成？

所以，学习，要懂得方法，懂得用心，才能事半功倍。

用心不同

做人、做事要用心，但是每个人的用心各有不同，例如有的人一心想要发财，有的人专心读书，有的人全心创业，有的人用心公益。因为各人的人生目标不同，所以自然有别。"用心不同"举出四点说明：

第一，操作股票者，用心注视下一秒

股市的变化，瞬息万变，分秒之间有涨有跌，涨幅、跌停的波动，对持股人的利益关系重大，所以玩股票的人，莫不分秒注意股市的行情变化。有的人外出办事，或是出门旅游，仍然不时打电话询问，甚至随身携带计算机，随时随地掌握信息，所以操作股票者，用心于下一秒。

第二，热衷权力者，用心注视下一步

有的人喜欢掌权，有权就有力量，有权就有利益，权力可以说人人争取。但是权力的杀伤力也很大，当你大权在握，别人也在一旁冷眼观看着你。如果你的权力行使不当，别人就会以此来攻讦你、打击你。或是你以权力压人，也会招怨树敌，所以权力愈大的人，愈要谨言慎行，要时时用心注视下一步，以免在权力的峰头栽了跟斗。

第三，参加选举者，用心注视下一次

选举是民主政治的象征，选举的结果往往是"几家欢乐几家愁"。例如台湾经常选举省市议员、县议员、乡民代表、市长、县长等。各种选举过后，有的人高票当选，有的人以很小差距落选。选举有胜有败，这是必然的结果，所以参加选举的人不能只看一次胜负。这一次幸运当选，如果不能善尽职责，下一次人民可能就不再给你机会了；如果这一次不幸败北，只要你有能力，你有诚心想要为民服务，也许下一次就能东山再起。所以，选举不能只看一次的成败，应该用心注视下一次，要用政绩来说服选民。

第四，关心人类者，用心注视下一代

"长江后浪推前浪，一代新人换旧人"，人类大我生命的延续，就是靠着代代子孙的相继繁衍，才能生生不息。所以，我们现在要关心整个社会、地球、人类的未来，就要用心注视下一代，要好好关心他们、教育他们，留给他们好的模范。甚至如环保人士一再呼吁，地球只有一个，我们应该重视环保工作，不要破坏生态，才能留给下一代一个健康的生活环境，这就是我们留给下一代最宝贵的资源。

心是人的主宰，每个人的用心不同，从中也可以看出其人的胸怀与成就。

修养身心

我们的衣服坏了，要修补修补；我们的房子漏了，也要修补修补；我们的身心有了毛病，更要修补修补。身心怎样修补呢？就是平时要有修养。关于修养身心之道，有四点意见：

第一，要保身如玉

人，都喜欢清洁的东西。衣服很干净，穿起来才舒服；饭菜很清爽，吃起来才健康；环境很卫生，生活起来才愉快。一个人的身体要守身如玉，才会受人敬重，所谓"守身如玉"，就是没有瑕疵，比方说，不打人、不杀生、不偷盗、不邪淫，这都是修身。

第二，要守口如瓶

所谓"病从口入，祸从口出"。平常我们的嘴巴，往往因为好说话而招惹了好多的麻烦；很多的灾难、祸患，也都是因为讲话不当而引发。因此，不当说的话不可以说，说出来的话都要让人能接受，让人能欢喜；不欢喜，你说了，总会有很多的不良后果，所以要守口如瓶。

第三，要防意如贼

王阳明说："破山中之贼易，破心中之贼难。"佛经里譬喻，我们的身体就像一个村庄，里面住了六个盗贼——眼、耳、鼻、舌、身、心；心就是这些土匪的首领，它带领着我们的眼、耳、鼻、舌、身专做坏事，扰乱了我们的生活，让我们终日不得安宁。所以，我们要想平静过生活，就必须慎防"心意"这个盗贼，不使他犯上、作乱。

第四，要嫉恶如仇

佛经说，身、口、意三业是造作的主人翁，他们可以行善，也可以为恶；而三业所作是善是恶，往往在一念之间。我们要杜绝、防患身口意造业，就是自己要有一把智慧的利剑，要视罪恶如寇仇，才能把罪恶斩断。

再谈平常心

经典形容我们的心犹如瀑流，念念相续，又如波涛汹涌，上下起伏，实在难以维持一颗平静、平常的心。什么是平常心？是一种心境，它"不以物喜，不以己悲"，不为环境的变化而喜忧；平常心，是一种境界，慧能大师云："本来无一物，何处惹尘埃"，它超脱物外、超越自我。这里再谈四种平常心：

第一，为善不执是平常心

无论付出、行善，你有了执着，就会有所挂碍；有了执着，就会有所期待。当期待落空，不免失望，甚至反而恼怒不安，内心就无法平静了。

如果能够行善施恩于人，无求回馈，不执于心，体达"三轮体空"，无施者、受者以及无施物的清净平等心，就是平常心。

第二，老死不惧是平常心

生死轮回是宇宙运转的常道，人总难免生病，面临衰老，甚至死亡的来到，能够心无惧怕、意不颠倒、无所挂碍、安然自在，所谓："死是生的开始，生是死的准备；生也未尝生，死也未尝死。"这就叫平常心。

第三，吃亏不计是平常心

有句话说："学习吃亏能养德。"有时吃点亏，并不是坏事，你从吃亏中，可以积累人生的经验，从吃亏中，可以学会处世的退让。尤其人与人相处，难免有所不公与亏欠。能够在吃亏时不计较、不比较，这就是平常心。

第四，逆境不烦是平常心

所谓"月无日日圆，人无日日顺"。当我们遇到忤逆的境界，要能看清忧虑，放下忧虑，不随烦恼起舞，泰然处之。好比竞赛的时候，总想战胜对手，其实要战胜对手，要先战胜自己，战胜自己就是不为环境所扰，不为杂念所困，不为顺逆所动，忘掉对手，忘掉胜负，以自然的心态对待，这便是平常心。"人若无求，心自无事；心若无求，人自平安"。其实，"平常心"，就是日常用事中无取、无舍、无骄、无求、无执着的心境。

所谓"最平常事最神奇，说出悬空人不知，好笑纷纷求道者，意中疑是又疑非"。前偈无非揭示平常心即是道，道即在平常生活中。

发心难

工厂里，要开发新的产品；商场上，要开发新的市场。我们的心，也像工厂一样，需要开发，才能把心里的宝藏挖掘出来。每个人的心里，都有无限的宝藏，也就是我们的佛性，如果不开发，佛性就不能显现出来。所以佛教讲发心，"发"是开发，"心"就是我们的心田。开发我们的心田，是很辛苦、很困难的事。"发心难"有四件事：

第一，学道容易入道难

无论做学问或是信仰宗教，要深入学问的精髓，以及信仰的真实义理，是不容易的。西谚有云："读书易，思索难。"倘若一个人虽读万卷书、虽拜千万佛，但书中的圣人之道，经中的真理教义，却没有深入地了解，则读书与信仰，都是没有意义的表相罢了。所以，我们学习任何一件事物，都要深入内涵、明解义理，如此才是"入道"，所以学道容易，入道难。

第二，入道容易守道难

"入道"之后，要将所学的理论活用，把所读的义理实践，让日常的言行举止与之相应，生活的点点滴滴奉行不忘，时时刻刻守住所学之道,这就不是一件容易的事了,所以,入道容易守道难。

第三,守道容易悟道难

即使能守道,也能日日按时做自己的功课,但是要在生活中以经典之义,善于思维,从中明白佛陀的教法,并且将教法奉行在日常作息之中,从中开悟,这就不是一件容易的事了,所以,守道容易悟道难。

第四,悟道容易发心难

有的人悟道了,却选择到深山里闭关,他不管世间之事,也不发心弘扬佛法,更不发心广度众生,维摩诘居士曾批评此类小乘行者为焦芽败种;佛陀也曾呵斥过二乘的弟子为自了汉,所以,悟道之后,要发大乘菩萨的菩提心,是不容易的。

修学佛法,第一个先决条件是要发心,发心才有动力。比方说施舍,发心才肯施舍;要精进,发心才有精进力;持戒,发心才会持戒,不发心什么都难达成。

宗教徒的心胸

一个人有了宗教信仰，他的内心就会有力量，他的生命就可以扩大升华。那么，身为一个宗教徒，除基本信仰以外，应该具备怎样的观念和心胸呢？以下有四点建议：

第一，对社会大众要视如亲人

宗教信仰的目的，不只是让自己得到解脱，获得快乐，更进一步能将大众视为一体，爱人如己。假如每个宗教徒都能发挥爱心，将一切众生视如自己的兄弟姊妹，如《四十二章经》里所说的："老者如母，长者如姊，少者如妹，稚者如子"，社会必定更加和谐，人际必然更加友爱。

第二，对作恶坏人要视如病子

在这个社会上，有好人也有坏人，当然好人占了大多数，但坏人也为数不少，对于这些为非作歹、尽做坏事的人，杀了吗？不能解决问题；不管吗？更不能解决问题。那么应该如何看待？视如病子。就像我们对待生病的孩子，会多付出一份爱心，因为以暴不能止恶，唯有以爱才能化解。所以佛经上说："以慈止怨，以忍息争。"宗教徒对待社会上的坏人，更要多布施一分爱心，才能感化他们，让他们去恶向善。

第三，对异教门徒要视如朋友

世界上存有各种不同的宗教，当然就有和我不同信仰的异教徒。对于异教徒，我们要以"他不是我的仇敌，而是我的朋友"的心情来相处。好比每个人对文学的喜好不同，有的人喜欢诗歌，有的人喜欢散文，有的人喜欢学术，有的人喜欢童话，虽然有各种差异，但终归喜好文学。同样的，虽有种种不同的信仰，但大家一样都是宗教徒，所以我们要把异教徒看成是朋友，当作是邻居，这个社会才能更美好。

第四，对含灵动物视如自己

宋朝黄山谷曾作一首《戒杀诗》，诗中提到："我肉众生肉，名殊体不殊，原同一种性，只为别形躯。苦恼从他受，肥甘为我须，莫教阎老断，自揣看何如？"

世间上的众生，虽有种种不同的性相，但爱惜生命、求生惧死的本质都是一样。既然如此，我们就不应该把自己的快乐，建筑在别人的痛苦之上，对有生命的含灵动物，也要像对待自己的生命一样，给予爱护，不加伤害。

静坐的功效

当今社会动荡，所以，生活中的禅修，就显得相当重要，兹举出四点如下：

第一，静坐使身心平衡

我们的身心虽然都是自己的，却经常不能一致。比如我们会感到"心有余，力不足"，或者这个身体还有力量，心里已经没有气力了。如何让身心平衡发展？让身心能统一运用？静坐可以帮助我们精神统一、意志集中，感觉到有一股自在的觉受，一种平衡身心的力量。

第二，静坐让理念明净

我们每一个人每天在动荡的身心里生活，有时候几乎忘失了自己。天天忙碌，却不知道为什么忙？天天来去，却不明白为什么来，要去哪里？甚至自己做什么都糊涂了。假如你有一点禅坐的功夫，盘腿静坐，就能让你的心明净下来，这个时候，你的理想、你的计划，就会明明朗朗、清清净净，就能懂得如何处理，明白怎么一回事。

第三，静坐令自我提升

所谓"俗虑恼人无止境"，人不仅要面对自己的八万四千种贪嗔烦恼，还要面对瞬息万变、信息爆炸的现代社会，甚至复杂的人我关系，身心真是疲于奔命，烦乱不已。禅修静坐的功用可以让自己学习与困顿相处，接受自己，改变观念。当身心柔软下来，生活的意义就升华了，生命的境界也扩大了。

第四，静坐可悟入真谛

参禅打坐的人，久而久之，不但身心平衡，理念明净，也可以悟入人生的真谛。悟的时候，久远过去的事情，会重新浮现在眼前；遥远的人和事，也都会慢慢向我们集中近来；所谓"认识了自己的本来面目"，懂得了人生究竟"为什么生？""为什么死？""从哪里来？""要去哪里？"明白人生真正的意义是什么，就能安顿身心，远离颠倒恐惧。

如何改心

有的人觉得自己的名字笔画不好而改名，有的人觉得自己的运气不好要改运，其实，改名、改运不如改心。因为我们的心经常不肯听我们自己的话，有时候起恶心，有时候起邪心，甚至有时候起迷心。假如把心改了，命运也就会跟着改；心改了，再也不必挂念名字笔画好不好。那么，恶心如何把它改成善心？邪心如何改成正心？迷心如何改成慧心呢？有四点如下：

第一，修般若以制心

有时我们的心想要奋发努力，却感到力不从心；有时我们的心想要平静下来，却东奔西跑，一刻不能停留；这时可以用般若来对治。修般若可以制伏我们内心的烦恼妄想，可以收摄我们纷乱的思绪；心制伏了，烦恼就会跟着减少；般若慧心增加了，就能专心一致，成就功德。

第二，寡酒色以清心

酒能乱性，令人神智昏昧，是百病入侵的门户；饮酒使人身心放荡，口无遮拦，恚怒一起，容易与人纷争，使恶名流布，为人轻贱。佛陀说："慎勿视女色，亦莫共言语，若与语者，想其老者为母，长者如姐,少者如妹,稚者如子,生度脱心,熄灭恶念。"酒色财气令人目盲,令人耳聋,佛教所要呵斥的正是这些会染污清净自性的色声香味等尘垢,若能清心寡欲,身心自能清净无碍,若能远离酒色,就不会给自己找来麻烦,自然理智清明。

第三,却私欲以养心

俗语说:"人不自私,天诛地灭。"可见自私是人类的毛病。如果私欲过于膨胀,成天妄求、计较,就会失去做人的道德;假如私欲造成对国家社会的危害,就会失去做人的公德。私欲作祟,人心不得安宁,终日汲汲营营,忙于心计,又怎能安心呢?若能"宠利毋居于人前,德业毋落于人后;享受毋逾于分外,修为毋减于分中"。则能养心、清心。

第四,悟至理以明心

汤之盘铭曰:"苟日新,日日新,又日新。"佛教则主张小疑小悟,大疑大悟,意谓人应该不断地创新、改造、进步,才能有所觉悟。将每天"我懂了,我明白了"这许多小小的觉悟累积起来,将来就会有大彻大悟的时候。人最重要就是认识自己的本来面目,本来面目就是"我",就是"心",心才是真我。

字写错了,改正就好;路走岔了,改道即行。我们的心不好,也是要它改造一下。改心,要靠我们自己去实践。

心的应用

学佛要学得无心，无心不是没有心，而是"灭绝分别思量之差别"。无心的境界三昧很高，所谓"百花丛里过，片叶不沾身"，就是无心的妙用。一般人能做到善用其心，就已经不容易了，何况无心？究竟要如何用心呢？有四点意见：

第一，无事时，应有明净的心

我们有时候忙、忙、忙，其实忙中亦有闲时；做、做、做，偶尔也会有无事之闲。忙时，心在诸事之中，那么，当无事的时候，心要如何呢？这时要将心安住在反观自照的明净之中。所谓无事并非身口之行为，乃心中了了常知，寂寂常照，好比"千江有水千江月，万里无云万里天"，心明净了，好比天上的云朵、月亮，都会在平静的海面上浮现出来；心明净了，心中自然万象具足；在无分别的时候，对万物的始末即能清晰明白。

第二，有事时，应有坚定的心

处于万物纷扰的人世间，经常会有出其不意的恼人事件，面对事情，处理事情，应有洞察先机之坚定心。如果一再犹豫，不能下定决心，让时间蹉跎虚度，就会丧失机缘。因此有事时，要有坚定的心，才能不为无明烦恼左右。

第三，得意时，应有淡泊的心

唐朝孟郊《登科后》诗云："春风得意马蹄疾，一日看尽长安花。"把金榜题名酣畅的心情表露无遗。其实得意的时候，更要有淡泊的心，因为，人处顺境容易得意忘形，若能自我惕厉，就不致马失前蹄，失于安乐。因此在得意时，要有淡泊的心。

第四，失意时，应有泰然的心

人的一生哪能天天得意，日日过年？总难免有低潮失意的时候。失意时，最要紧的是不要被失意打倒，保持一颗泰然的心。《论语·公冶长》记载，楚国的令尹子文，他三度为官，脸无露出雀跃；三次被罢免职务，也没有显现怨怒，那是因为他有宽大泰然的心，对这些得失便能不在意了。所以，"上台、下台"都要泰然。失意没什么了不起，只要继续努力、上进，机会就会为我们所掌握。

唯心所造

佛教讲"三界唯心，万法唯识"，说明世间的一切都是唯心所造、唯心所现、唯识所变。"心如工画师，能画种种物"，心就好比是一位工程师，能起建各式各样的建筑；心也像一位美术家，可以挥洒出不同风采的画作。因此，世间的好好坏坏，往往取决于我们的一念之间。以下四句共勉：

第一，酒不醉人人自醉

喝酒喝得过多会令人酩酊大醉而难以自拔，但是想想，如果不是自己主动去喝，酒又何能醉得了我们呢？有人说："一醉解千愁。"可是别忘了"借酒浇愁愁更愁"。在日常生活中，沉浸在自我的世界里，我们用"自我陶醉"来形容；心中忧闷，比喻为"忧心若醉"；生活过得糜烂，则喻为"纸醉金迷"；但是不管怎么样，千万不能"醉生梦死"，不能糊里糊涂地过一生，要为自己创造乐观开朗的人生。

第二，色不迷人人自迷

所谓"情人眼里出西施"，有人说美色能让人动心，其实每个人对"美"的观点、看法都不一样。反映到生活上，有人喜欢自家的院子里多一点的花花草草，但是有的人却喜欢空空旷旷的感觉；有人喜欢白色，却也有人偏爱黑色。所以，世间上的一切事物都有为人喜欢与不喜欢的，但是无论如何，对于欢喜的人事物，却不能过度沉迷，老子云："五色令人目盲，五音令人耳聋"。一旦迷恋了，看到的就只有眼前的利益，心有所局限，视野就不能开阔了。

第三，鬼不吓人人自吓

很多人听到"鬼"，就心生恐惧。其实，鬼是另外一道的众生，他们有他们的生存之道，不会来妨碍我们、吓唬我们。真正的鬼不可怕，可怕的是疑心生暗鬼，甚至有的人比鬼还可怕，别有用心地以计谋害人。所谓"杯弓蛇影"，有的人看到一棵树，误以为是鬼，而吓破了胆；有的人看到一根木棍，当作是鬼，吓得魂飞魄散，这都是自己疑神疑鬼的结果，只要我们心存善念，没有什么可以害怕的。

第四，气不乱人人自乱

每个人都会遇到令人气恼的事，一旦不满，千万不能一味地义愤填膺，应该要保持冷静。《汉书·楚元王刘交传》说："和气致祥，乖气致异。"一个人不能冷静就会为气所乱，乱了主张，乱了章法，什么事就会不按牌理出牌，后果将是不堪设想。所谓"人比人，气死人""一山还有一山高"，一气还一气，何时能了得？所以，生气不如争气。人只要能正直无邪，专其一心，则能不为诱惑所导，不为强势所乱，不为无明所扰。

身心的安住

我们经常会被问到："你住在哪里？"为了"住"的问题，有的人一生劳碌，希望买得一间房子安住；有的人不断搬家，也是希望找到好房子居住。其实，就是有好的房屋、好的房间，你如果不安心，无论华厦美屋，或是洋房别墅，一样的不快乐。

身心不得安住，是人生苦恼的根源，如《大乘本生心地观经》说的："心如怨家，能令自身受大苦！"身心不安，让你觉得不对劲、不完美、不圆满，所以昔日有禅宗二祖慧可翻山越岭，拜谒达摩祖师，只求为其安心。我们所以不能安顿身心，也是因为错把身心住在人我是非忧虑苦恼中，住在患得患失比较中，住在无止贪欲中，住在颠倒恐惧中。所以，除了有形的房屋外，你的身心要住在哪里？有四点参考：

第一，安住在发心上

省庵大师说："入道要门，发心为首。"佛教的百千法门中，"发心"最为重要。发心就是开发心地，发心就是开发自己。发心，就会有方法迎刃而解；发心，就会有力量勇敢承担。我发心劳作、发心工作、发心修持、发心利人，所谓"但愿众生得离苦，不为自己求安乐"。发心，言行一定诚意；发心，内在不愧不怍。

第二，安住在道念上

每一个人都要有道德的观念，所谓"道德的观念"，就是自觉要认真工作、要精勤修持、要热心助人、要为公无私等等信念想法，对自己有一种"严于律己，宽以待人"的要求态度。古人有云："能知隐晦心常泰，不恋繁华性自真"，自知隐晦，心里就能泰然；不为虚华，本性就会现前。"常乐柔和忍辱法，安住慈悲喜舍中"。就是安住在慈悲法喜、真理满足的道念之中。

第三，安住在学习上

学习，是一件快乐的事，将学习视为生活中的乐趣，你就能安住身心。所以，前人有云："活到老，学到老"，政府也鼓励大家"终身学习"。胡适说："为学有如金字塔，要能广博要能高。"佛门也有谓"法门无量誓愿学"，世间法要学习，佛法要学习，应用技能也要学习，你遍学一切法，还怕身心不能安住吗？

第四，安住在体谅上

体谅，是将矛盾、冲突归于平静祥和的润滑剂。体谅，是一种宽容、是一种涵养、是一种气度、是一种真心。人与人相处，能宽容别人的得失，是非对错，也能包容他、体谅他。有言："海不辞水为同事，水不辞海德具尊"。建立这种体谅包容、互尊互重的互动关系，容纳别人、接受别人，还怕身心不能和谐平衡？

"身定，则无环境的束缚；心空，则无烦恼的障碍"。身心安住是圆满生命、拥有快乐的关键。将身心安住在所谓发心、道念、学习、体谅上，必定能获得身心的自在。

转心的重要

台湾话说小孩子到了青春期，有所谓"转大人"，才能更成熟；表演者到了某个阶段，也有所谓"转型期"，才有更大的演出舞台。人生要"转"才能成长，我们的心也是要"转"，才能开阔。到底如何转心？以下四点意见：

第一，不贪心而喜舍

贪的习气会让我们对于外在一切人事物、感受、财富、名位等，没有餍足，奔驰追逐，惹得身心不得止息清净。如果能转贪心为喜舍心，就能分享给大众，广结善缘；能舍去悭贪之心，就会无所挂碍，获得自在。

第二，不抱怨而仁慈

怨是心有不平而积累的情绪。怨气引生恨意，怨言招致误会，抱怨损人不利己，哀怨自怜不讨喜，不但无法解决事情和问题，可能演变得更糟，可说是一无是处。如果能将抱怨转为仁慈，人慈悲了，心地也柔软了，智慧就会生出，所谓"慈悲无障碍，智慧遍十方"，一定可以化解许多问题。

第三，不懒惰而勤劳

懒惰是一种病，有许多过患，如散漫、闲逸、他人嫌恶、内心无所着落等。反之，勤是精进不懈，劳是付出努力，如古德所云："衣不天降，食不地涌；一衣一食，皆必出自劳动。"因此，转懒惰而勤劳，会受人肯定，受人尊重。

第四，不执着而明理

经典说，执由虚妄分别之心，对事物或事理固执不舍，又称迷执、执着、计着。它会让我们无法认清真相，也不能认识真理，因而种种烦恼妄想系缚，难以解脱。假如你能放下一分执着，就少一分痴迷；少去一分疑迷，就增长一分明理，人生也就多一分智慧与圆融。

"转"很好，稻田转作之后，可以增加农民的收益；峰回路转之后，会有另一片新天地。只要我们的心一转，人生有无量的可能，未来有无穷的希望，生活有无限的机会，心灵有无边的空间。以上四点"转心"，提供我们参考。

调心

　　琴弦要调，声音才能不急不缓、悦耳动听；煮菜要调，味道才能浓淡适中、味美可口；平时我们的心能够无二用，一心一意当然很好，但是它有时候心猿意马、犹疑不定，或是经常忐忑不安、昏昧不明，这个时候就要调了。调心有四点如下：

　　第一，心不细，则处事不周

　　一般人有谓"胆大心细"，你无论做什么，除了大胆放手勇于尝试外，心也要细密，才能周顾十方；而禅门也说"事不厌细"，借此来叮咛学者在修行中，须时时警惕，不可轻忽慢心。心细，才不会处事不周；心细，才不会挂一漏万。

　　第二，心不定，则临事不稳

　　家不稳，令人挂念；心不稳，使人不安，做事也就无从妥帖稳当。因此，我们的心要有一股稳安的力量。假如你能有一颗如如不动的心，无论遇到什么事，管它外境变化动乱，吾心不变、不动，那么你就能"似海之深，如山之固"，身安心稳，不为任何烦恼所惑。

　　第三，心不善，则做事不正

　　我们的心，一分为二，一个是恶，一个是善，做人处世、举心动念之间，都要自问一下我们的心，有没有损人利己，那就是不善；我的心会不会与人有害，那就是不正。去恶向善，才会有光明，才会有前途。

第四，心不净，则行事不明

一池清净的水，天上的月亮、人的影子都会如实倒映；一面光洁的镜子，也能反射一切事物。

我们的心也是一样，心混浊了，行事也会跟着混乱不明；反之，心一清净，谁好、谁不好，马上就很明白；心一清净，做事就能条理清楚。

心要用到正的方面，不能用到歪的上面；心要用在好的地方，不能用在坏的地方。佛经里说，心如工画师，能画种种物；心也像国王，可以命令指挥眼耳鼻舌身为它所用；心又如盗贼，如果不好好地调伏他，就会为非作歹。

因此，如何调心，就很重要了。

万事由心

佛法讲"三界唯心，万法唯识"，世间上的千差万别，都是由我们的心所变现。内心欢喜，则欢喜的气氛随之而到，看什么都如意；内心不平，则事事不能顺心，见什么都厌恶。万事由心，所以我们要好好观照这颗心，有四点意见：

第一，心模糊，万事不入耳目

心要明朗清晰，才能以智慧洞彻事物的本质；心若模糊不清，则将视而不见，听而不闻，食而无味，学习的成果也就有限。好比视力模糊，则看不清事物的真实面目；信息传递模糊，则是非不能明，难以作决策；读书心不在焉，则有断章取义之险。所谓"心安茅屋稳，性定菜根香"。要先稳定自己的心性，心地才能清明而不模糊，也才能专心致志。

第二，心疏忽，万事不可收拾

心不可疏忽，疏忽了，小则人我嫌隙，大则危害生命。《关尹子》曰："勿轻小事，小隙沉舟；勿轻小物，小虫毒身。"综观社会，因为一时的疏忽，酿祸成灾的案例比比皆是，举凡火灾、车祸都是。因此，凡事应当谨慎，语言疏忽，是是非非就多；人我疏忽，挚友也可能反目。总之，谨慎小心，总比事后的懊悔不及好。

第三，心执着，万事不得自在

心有所偏颇、心有所计较、心有所执着，则万千的事情都不能得到本来面目，亦不能回归自然。所以，凡事要能看得开，看得开就能安心；思想要通达，能通达才能面面俱到。心不执着，烦恼魔军不攻自破；心有执着，身心不得安宁。因此，要给自己多一点转圜的余地，人生才能过得如鱼得水，自由自在。

第四，心挂碍，万事不能适意

许多人本来日子可以过得安然适意的，却因为挂碍着名利、挂碍着钱财、挂碍着亲朋故旧、挂碍着种种人我是非，甚至美丑胖瘦，而不得快乐。

所以，想要获得欢喜，要先让自己跳脱功利、本位主义所带来的牵挂，才能感受到淡然喜悦。一个人不愿将心门打开，就无法自我突破极限；反之，心中充满快乐的人，散发出来的也会是快乐的气氛，带给人的也是欢喜和乐。

人的身体就好比一座村庄，心就是村长，领导着村民——眼、耳、鼻、舌、身步向正轨，尽其所能发挥效用。心模糊了、心疏忽了、心执着了、心挂碍了，所行所为，就将漏洞百出，不能圆满。"万事由心"，所以要时刻省察自己。

修心学佛

我们一个人每天要用手做事，用口讲话，用头脑思考，这都是"心"在主导这些行为。因为"心"是眼、耳、鼻、舌、身的主人，心动了，五根也跟着动，"心"可以说是一切善恶行为的根本，所以要修"心"学佛。如何修学？提出以下四点意见：

第一，于恶友所，不起嗔心

朋友相处当中，有时也会遇到坏朋友，所谓恶友，就像恶犬，你打它一下，它可能咬你更凶。因此，遇到恶人，纵使有不以为然或看法不同时，也不随便起嗔恨心。有一次郑灵公请诸大夫到府餐宴，因故独漏了公子宋。公子宋认为自己受到怠慢，于是在宾客开宴之前，在朝堂上，抢先用指头在大鼎中蘸汤尝了一口，表示吃到"异味"后，便离开了。此举惹得郑灵公大怒，扬言杀掉公子宋；没想到公子宋听到消息，早一步灭了郑灵公。身居恶友之所，不宜嗔怒，实是保身之道。

第二，住于大慈，能容异己

社会的安定是每个人的希望，维持社会的和谐，更是每个人应尽的责任与义务。我交朋友，把自己定位在大慈悲上，虽然你和我的想法不同、职业不同、年龄不同、志向不同，不过没有关系，我们可以彼此包容。人人以慈悲安住身心，如弥勒菩萨以大肚涵容一切，如观音菩萨以慈眼视众生，包容与我不同思想，不同信仰，不同性别，不同种族的人，如此社会自然祥和。

第三，深乐正法，勤求无厌

我们的心总是向外追逐，希冀获得满足与快乐，不断追求的结果，却只有获得心灵的空虚与烦恼。《维摩经》说："吾有法乐，不乐世俗之乐。"当你听闻正法，追求正当的宗教、正当的信仰，感到正法之味如饮甘露，心生爱乐，你会勤奋求法而不会感到疲厌，因为在乐法之中，能获得更多的法喜。

第四，念佛学佛，心中有佛

念佛学佛的人有很多种，有的人喜欢念佛绕佛，有的人喜欢参禅打坐，有的人礼忏拜佛，有的实践行佛，不管何种方式，你心中不断观想佛是什么样子、净土是什么样子，经常观想佛像庄严，思维法义，自然佛常在心中。心中有佛，以佛心看待一切，世间万相皆美，现前即成净土。

修心学佛，与人相处懂得以和为贵；修心学佛，包容与我不同的人事物；修心学佛，勤修正知正见，息灭贪嗔痴苦；心中有佛，视一切人如佛，那么你就是"常不轻菩萨"了。

心的秘密

人常常隐藏许多难以启齿的秘密，因为没有办法告诉别人，只能埋藏在心里，日久就会发酵，成为烦恼。甚至因为对自己的心认识不清，因此愚痴，成为无明，所以我们要找出"心的秘密"，有四点：

第一，心中有话口难开

有一首歌叫"爱你在心口难开"，其实有很多人不只是有爱不敢表达，有时候心里有话也不敢说出口，或是不方便说、不能说、不肯说。所谓"凡人不开口，神仙难下手"，心中有话口难开，别人想帮也帮不上忙，只有深藏自己心底，成为永远的秘密。

第二，心在何处难寻觅

每个人都有一定的住所，知道自己住在何处。但是我们的心究竟住在哪里？却没有几人明白。有的人以为心就住在形骸里面，其实不然，有时候我们人明明坐在这里，而心却跑到千里以外。在《楞严经》里描述阿难尊者"七处征心"的事，探究我们的心究竟在身体之内？或在身体之外？或者在内外之间等等。结论是心没有确定的住所。所谓"上穷碧落下黄泉"，心在何处难寻找，甚至心是什么？心究竟在思考些什么？认识自己的人，固然能够了然明白，不认识自己的人，它就成为让人难以捉摸的秘密了。

第三，心生万物随识现

佛教的唯识家认为"三界唯心，万法唯识"；又说"心生则一切法生，心灭则一切法灭"。认为宇宙世间所有的一切，都是随着人的心识显现而来；因为透过心的分别，才有世间的森罗万象，所以我们的心里有无限的宝藏。所谓"心生万物随识现，心有宝藏体无穷"。懂得此中道理的人，从心里发出信仰，信仰就有力量；从心里发出慈悲，慈悲可以给人欢喜；不认同此理的人，心的力量就是个不可解的秘密。

第四，心病还需心药医

平常我们的身体生病了，都懂得去看医生，吃药、打针，做种种的治疗；心里有了毛病，如何医治呢？所谓"心病还需心药医"，心理生病，必须要心药来医疗。什么是"心药"？例如，心中的贪、嗔、痴，就要用戒、定、慧来治疗，这是疗治心病的有效良药，也是治心的秘密武器。平常我们总怨怪别人不了解自己，其实自己又何尝了解自己，对自己的心又有多少的认识呢？所以"心的秘密"值得探究。

平常心

佛教讲"平常心是道",平时我们也常常听到有人说要用平常心做人，要用平常心处事。"平常心"究竟是什么意思，怎样才能保有一颗"平常心"？有四点看法：

第一，失意事来，治之以忍

《史记·汲郑列传》说："一死一生，乃知交情；一贫一富，乃知交态；一贵一贱，交情乃见。"一个人失意的时候，最能感受"人情冷暖，世态炎凉"。有的人因此自怨自艾，消极颓唐；有的人则怨天尤人，愤世嫉俗，这都是一种负面的情绪作用。真正有修养的人，尽管世情浇薄，我以一忍治之，自能不以物喜，不以己悲，所以能忍的人，他就是有平常心。

第二，快心事来，处之以淡

"人逢喜事精神爽"，遇快心事时，一般人莫不是欢天喜地，欣喜若狂，恨不得天下人都能分享他的快乐。"喜形于色"固是人之常情，然而能如谢安在"淝水之战"，侄儿谢玄以寡击众，取得胜利后，消息传来，犹能弈棋如常，不动声色。这种"快心事来，处之以淡"，就是一种平常心。

第三，荣宠事来，置之以让

人有荣誉之心，而后知所向上，值得嘉许。然而自古以来多少文武大臣、后宫佳丽，为了争宠显荣，彼此钩心斗角，甚至导致政争战乱，祸国殃民，反招千古骂名。所以，荣宠不是争取而来的，所谓"实至名归"，名实不副，有时候求荣反辱；能够洞彻此中道理，在荣宠之前，以平常心视之，就是明哲保身之道。

第四，怨恨事来，安之以退

人有不平，易生怨恨。怨恨犹如一把双刃刀，伤人又伤己。遇有委屈不平时，不必难过、不必计较，何妨退一步想；能以平常心安之以退，自能泰然自适，则怨恨无由生起。

平常心是一种透析世情，了悟人生的智慧；能以平常心处世，自能"超然物外见真章"。

心的妙用

《华严经》说:"心如工画师,能画诸世间;五阴悉从生,无法而不造。"我们心就像画家,不但能彩绘世间的种种,心更像工厂,无物而不造。心的妙用无穷,有四点譬喻:

第一,心如大地,普载万物

大地是人类的母亲,孕育了人类的文明,他无我无私地普载万物,所以被尊为慈母。我们的心,也像大地一样,所谓"心包太虚,量周沙界",只要我们能敞开心胸,接纳宇宙万物,就能如天如地一样,无所不包,无所不含。

第二,心如桥梁,给人方便

自古以来,许多善心人士铺桥造路,为的就是给人方便。试想,江河之上、深壑之间,如果没有桥梁的沟通,将会带来多大的不便?我们的心也像桥梁一样,只要我们常存慈悲之心,处处与人为善,时时给人欢喜、给人希望、给人信心、给人方便,我们的心就像一座无形的桥梁,不但方便了别人,也沟通了人我。

第三,心如大海,容纳众流

大海容纳百川,不管江河溪流,无不汇归大海;大海因为不拣细流，所以能就其大。我们的心"一念三千"，十法界都在我们的一心之中，因此只要我们能大其心，像弥勒菩萨一样，容天下难容之事，把世间的好好坏坏都包容在一心之中，我们就能笑口常开，笑尽天下古今愁。

第四，心如虚空，包容万象

世界上最大的东西是什么？是虚空；虚空能包容万物，也不挂碍万物的存在。然而，"虚空非大，心王为大"，我们的心堪比虚空。明朝开国皇帝朱元璋当沙弥时曾写下一首诗："天为罗帐地为毡，日月星辰伴我眠；夜间不敢长伸足，恐怕踏破海底天。"说明度量宏大的人，必有容人容物容事的胸襟。因此，我们要像包容万物的虚空，容纳异己，不排斥异己的存在，才能"有容乃大"！

有一道谜题说："三点若星相，横勾似月斜；披毛因它起，成佛也由它。"答案就是"心"。心之一字，笔画简单，却是妙用无穷。

治心

"大学之道，在明明德，在亲民，在止于至善。"儒家认为，人生来即具有善良的德性，日后虽受到环境变易冲击的影响，或因个人拘泥偏狭的执着，使光明的善德受到蒙蔽，因此亟需透过教化和自觉的过程，让自性的光明善美能够彰显。如何治心，以下四点提供参考：

第一，改心为好

作家润饰文章，画家修正作品，都是借由不断地改进，让作品能完美地呈现。曹溪云："常见自己过，与道即相当。"我们要当自己的医生，勇于向自己的毛病开刀，生活恶习要改进；思想偏差要改正；说话错误要改过。一个不知道自己毛病的人，如何获得健康？唯有时时忏悔、反省自身言行，努力改过，才能生起智慧。

第二，修心为正

我们的色身有老病死诸苦，心理上有贪嗔痴等烦恼，因此一个人除了修身，还要修心。我们的心如猿猴难以掌握；贪嗔痴三毒，经常羁绊着我们，时刻盘踞心灵，污染我们清净的本性。在求道路上，要想远离三毒的侵害，就必须以坚韧的力量忆念正法，具足柔

软、慈悲、清净、无恚的心，使我们的思维时时和正法相应，趋向光
明的大道。

第三，用心为道

道是我们走向圆满生命的正途。道在哪里？道在生活、在发
心、在众生中、在慈悲里，道无处不在。我们必须用心在慈悲、恭
敬、正信、发心、忍辱中，才能与道相应。平日要能展现群我相处的
美德，将欢喜布施予人；将利益与人分享。更要用心培养待人宽宏
的雅量、处世平等的真诚、对众生尊重的言行和自己觉醒的修养，
如此进德修业，必定能导正人心，为社会带来祥和安乐。

第四，明心为悟

语云："玉不琢不成器。"铜镜也是如此，若不勤加拂拭镜面，则
无法明亮；越是上等的艺术品，所需的琢磨功夫越多。佛说："一切
众生皆有如来智慧德相，只因妄想执着不能证得。"我们的心如同
乌云遮蔽了阳光，唯有除去烦恼的乌云，才能显露真如本性。如何
驱除烦恼的乌云呢？唯有靠修行的力量，才能识得自己的本来面
目，证得真如实相。

"人身难得今已得，佛法难闻今已闻；此身不向今生度，更待何
生度此生？"因此应该好好珍惜人身，把握今生，只要我们把人做
好，把人道完成，其实就已经迈向成佛之道了。

济世之心

大乘菩萨道，即是以利行大众。阿弥陀佛的三根普被，释迦文佛的示教利喜，观音菩萨的慈悲普度，势至菩萨的大喜大舍，地藏菩萨的大愿救苦，普贤菩萨的恒顺众生，都是利行的最佳典范。那么我们以什么来服务大众，利济有情呢？提供四点意见：

第一，净心修天下之道

对一个菩萨行者而言，世间一切能够利益众生、圆满生命的法门，都是我们必须学习的，佛教的四弘誓愿中说："法门无量誓愿学"，学习人间菩萨的万行，更需要体认这层意义，抱持菩萨遍学一切的志愿胸襟，时时进修，时时努力。佛经云："佛法无量义，一以净为本。"唯有以清净的三业来受持佛法，让修道心保持在正念上，才能自他受益，普济群伦。

第二，平心论天下之事

种族间的相互歧视、宗教间的意见不一、称霸群雄的贪欲诱惑，国际间难有宁日。加上现今科技发达，武器的功能日新月异，人类对战争的畏惧益深，渴望和平的呼声水涨船高，虽有禁武、限核等高峰会议的举行，使和平的脚步迈开，却杜绝不了战争的发生。解决之道，需要事理配合、行解并重等各方面的考虑，非仅去除表面的乱象。我们面对诡谲多变的世局，分析或论时事，需要多一分客观超然与理性平和的态度。

第三，悲心济天下之急

菩萨以六度四摄关爱一切众生，所以悲心不只是理念上的了解，更要有行动上的实践。例如荣西和尚应时布施的善行，铁眼禅师利济群生的义举，都是悲心济世的典范。孟子说："无恻隐之心，无羞恶之心，无辞让之心，无是非之心者，皆是非人。"如果大家都能秉持"但愿众生得离苦，不为自己求安乐"的悲心，相信利生济世的事业必定能够恒久绵延。

第四，慈心容天下之人

做人要能包容异己，人格才能崇高。《菜根谭》云："地之秽者多生物，水之清者常无鱼。"说明厚德载物，雅量容人的人生哲理。佛陀开示我们"戒除我执、法执"的宝训，即是教导我们要能包容异己，体会因缘和合、互相依存的真理。佛教的慈悲即是视人如己，立场互易，对于亲人或仇敌、有缘与无缘都能慈悲相待，付出真心。

我们本着净心、平心、悲心、慈心的理念匡时济世，服务群生，则佛国净土，人间即是。

点亮心灵的灯光（一）

天色昏黑，路灯提供照明，维护了行人的安全；室内昏暗，电灯放射亮光，去除了夜晚暗昧的恐惧。黑暗，给人一种充满未知的担忧；光明，则让人有坦然无惧的安全感。因此，点亮心灵的灯光，才能褪去烦恼，驱除不安，而散发出本自具足的良善与自在。我们要点亮什么灯光呢？

第一，点亮家庭伦理的心灯

"哀哀父母，生我劬劳"，孩子小时，父母为了他们的成长及教育，辛勤工作赚钱；及长大，又担心孩子的婚姻、事业等等，可谓对子女一生皆关怀备至。但是，在现代社会，家庭暴力事件层出不穷，让人不禁唏嘘，到底是人类的道德良知不见，还是罔顾父母的养育之恩呢？不懂得孝敬父母的人，就是没有感恩心的人，不知感恩的人又如何在团体中融和相处？所以，上下相敬才能建构家庭的和乐。

第二，点亮尊敬和谐的心灯

小从人与人的相处，大至国与国的往来，都因为"互敬互重"而得友谊。战争源于内心仇恨的宣泄，来自心中的不和谐。因此，消弭嗔恚之火，创造和谐的人生，才能为生命注入意义，才能为世界的和平带来希望。本着世上每一个人都和我有因缘的同体共生思想，让我们一起点亮尊敬和谐的心灯，促使人我无怨、社会无争、世界和平。

第三，点亮祝福友爱的心灯

世界上有很多人正处于不幸中，不论是疾病的侵袭、亲人的逝去，或是水火风灾、战云密布，度一日就如同过一年般痛苦难耐。但也有许多人正为金榜题名、新婚志喜、升官发财而雀跃不已。情况虽有两极，我们的祝福友爱却不能少，祝祷苦难者得以逢凶化吉，祝福欢喜者得以散播欢喜满人间。

第四，点亮互助包容的心灯

每个人来自不同的生活背景，尽管有着不同的思想、不同的性格、不同的行事作风，但是彼此"互助包容"却不可少。每个人皆有所不足，需要别人来补其短；每个人皆有所长，应当尽力帮助需要帮助的人。在一来一往的合作中，建立共识；在一举一动的包容中，消除隔阂，共同营造一个互助包容的生活环境。

人人需要光明，有光明，生活才会多彩多姿，生命才能发挥力量，让我们打开心扉，点亮心灵的灯光，迎向光明。

点亮心灵的灯光（二）

宋朝茶陵郁禅师的偈写道："我有明珠一颗，久被尘劳封锁，今朝尘尽光生，照破山河万朵。"人人皆有清净的本心，只因烦恼妄想而不能显露，只要妄心去除，就能回归清净自性。每个人心中都有一盏明灯，只要我们愿意打破黑暗，做一位主动开灯的人，光明就会立即来到。点亮心灵的灯光，有以下四点：

第一，点亮守法服务的心灯

一个国家有法律，自能福国利民；一个团体有制度，才能长久经营；一个人内心有规矩，君子风度才能显发。所以人人守法，社会才能安宁，人心才能安定。服务来自于内心志愿帮助他人，如教师为学子服务、公司为客户服务、商店为顾客服务，乃至童子军日行一善，借由服务可以增进彼此的交流往来，借由服务就能广结善缘。

第二，点亮勤劳节俭的心灯

"流水不腐，户枢不蠹，以其劳动不息。"人生要有朝气，要不断为自己注入生命的活水。思想要深入，需勤于动脑；文笔要精练，应勤于动笔；口才要练达，要勤于讲说。节俭是中国传统美德，凡事不贪心，物质的欲望就会降低，耗费的金钱就会减少。除了金钱的节省，物品的爱惜，其他如不贪、不嗔、不痴、惜时、淡薄，也都是心性上的俭约，心灵上的财富。

第三，点亮忍让和平的心灯

世间最大的力量就是忍耐。《六祖坛经》云："让则尊卑和睦，忍则众恶无喧。"为了息事宁人，忍让和平是促进彼此和谐的调和剂。做人处事，横冲直撞未必能带来成功，甚至还会招致责怪怨怼；将心定下来，仔细思量后，能以退为进，何尝不能卓然有成？

第四，点亮般若智慧的心灯

人光有聪明是不够的，有时聪明反被聪明所误；拥有智慧，凡事才能洞察秋毫。家庭的和睦，需赖尊重包容的智慧来建立；经济的复苏，需有勤奋踏实的智慧来努力；国家的安定，需以信念一致的智慧来成就；人际的和谐，则需靠彼此信赖的智慧来维持。点亮心中般若智慧的灯光，就能看清楚方向，诸事无碍，而成就大局。

让我们点亮心灵的灯光，照亮黑暗的每一个角落，而能"无有恐怖，远离颠倒梦想"。

恒心的力量

要增长自己的力量，恒心最为重要。你有恒心就能持久，你有恒心就有力量。功亏一篑或半途而废都不能成功。什么是恒心的力量？有以下四点：

第一，一日一钱，千日千钱

一天存 1 元钱，千日下来，就存了 1 000 元；一天做 1 件善事，即使只是小事，千日之后，就做了 1 000 件善事；假如你一天说 1 句好话，三年千日，就说了 1 000 句好话。因此，不要以为"一"很小，一天一天的增长，累积之后，那就是千千万万、万万千千。

第二，每念小悟，集小为大

所谓"不辞小水，方能成就海洋；不积小善，无以圆满至德"。学佛修行，贵在每个念头不断反观自省，不断地觉悟，可能只是小小的了悟，但慢慢明白，渐渐增长，集小为大，久而久之，就会有一个大彻大悟。

第三，柔绳为锯，坚木可断

木头坚硬，绳子柔软，只要有恒心，再坚硬的木头，都会被柔绳锯断。烦恼也是一样，经典形容烦恼如木轭架在颈上，缚得人们无法出离、喘息。但只要以慈悲心、智慧心、柔软心为绳，必定会有将烦恼锯断的时候。

第四，滴水虽微，可以穿石

岩洞的钟乳石，一毫一分，经过千万年的积累而成形；海边的巨石，不断被海水冲击，而成千疮百孔。不要以为一滴水很小，它可以滴穿石头。所以，微小不怕，只要耐烦有恒，时间的浪潮，会将小人物推向时代的前端；只要脚踏实地，历史的巨手，也会将小因缘聚合成丰功伟业。

因此，只要有恒心，无论做什么，历史会肯定我们的定位，大众会推动我们的成就，时间会带给我们利益，毅力会帮助我们进步。

如何调心？

参禅打坐不一定是指出家人的修行，近年来，也有许多在家居士欢喜参禅打坐。它可以沉静心灵、稳定情绪，借此转化身心，让自己更有道德、智慧、勇敢、精进。参禅打坐要有方法，讲究调身、调息、调心，最重要的是把心调好，身、息也就自在顺畅。"如何调心"？

第一，修禅静坐，可以收摄妄心

在日常生活里，要工作、要往来、还要进修，柴米油盐，许多繁琐细节，忙得让人妄想纷飞，虚妄心生。尤其外境的五欲六尘，有生有灭，感官欢乐之余，常常伴随着痛苦，不能永恒安乐。在熙熙攘攘中，如果每天修禅静坐一小片刻，可以收摄妄心，内心就能拥有平静快乐。

第二，戒酒远色，可以清净染心

所谓"酒醉误事，近色惹殃"，这样的事情屡见不鲜，甚至好友聚会，都变成恶语相向。能够改掉不好的习惯、嗜好，远离毒品、酗酒、好美食、贪美色，内心就不会沉沦，进而能产生正向的力量，转染污心为清净心。

第三，去贪离欲，可以修养真心

我们的真心不能现前，就是被贪欲蒙蔽，好比眼睛长了眼翳，看不清实相。龙牙禅师云："一室一床一茅屋，一瓶一钵一生涯；门前纵有通村路，他家何曾是我家。"生活简单自然，不攀外缘，虽然寒碜，却是安身立命之处。能够远离贪欲，歇下妄想妄缘，真心就能现起。

第四，诵经研教，可以警惕恶心

一个人的心，善念与恶念并存，恶念多了，烦恼就多，善心强了，恶念就少。很多人以为，念经是对佛祖交功课，其实，经不要我们念它，主要是借由读诵经典、研究教理，让我们的心去除贪嗔痴恶念，以此警惕己心，就会常生善念。

第五，守道悟理，可以见性明心

真理具有普遍性、必然性、平等性、永恒性，必须用心去体悟。能守道体悟，可以见性明心。悟的那一刻，豁然通达，好像在无际的黑暗里，电光一闪，照破无明迷雾，顿见光明灿烂的世界。

心的调整

桌椅歪了要调整，才会整齐，琴弦松了要调弦，才会好听；路走偏了不调整，就不能到达目的；车偏离车道不调整，灾祸就要发生。同样的，我们的心也会有颠倒迷惘的时候，需要调整，才能正常生活，平安自在。如何调心，提供以下四点：

第一，欢笑由内心升起

现代人生活紧张，习惯压抑情绪，久而久之，造成忧郁烦恼，徒伤心神。有云："一笑解千愁"，欢笑能舒解压力，达到和缓功效，因此，要常常从内心制造欢喜。像丹麦曾举行大笑活动，让人民轻松欢笑，保持健康快乐。内心常保愉悦，振作精神，不但有益身心的和谐与平衡，更能为生活周围增添欢喜。

第二，快乐用真情感受

有人以追求金钱、物质、名位、爱情为快乐，这原本也属自然，但更重要的是，追求背后的真情真心。人与人真情相待，情意交流，温馨感动；男女真情交往，才能彼此忠诚，相互信赖；为政者以真情待众，必得人心拥戴；从商者以真情往来，赚取情义无限。这些无形的真情获得，才是真正的欢喜快乐，因此，要感受快乐的真实，唯在点点滴滴出自真情。

第三，肚量要胸怀大众

世间上，人与人之间的纷争、烦恼，皆出于气度狭小，只想到自己。想要泯灭战争、歧视、人我纠纷，唯有胸怀大众，时常想到自他平等。故儒家讲"人溺己溺，人饥己饥"、"四海之内皆兄弟"，体现民胞物与的胸怀；佛教则以"无缘大慈，同体大悲"，发扬同体共生的精神，如此，人心才能和谐，人间才有和平。

第四，做事宜心甘情愿

做事，能够心甘情愿、发心奉献，工作起来不但不觉得累，反而快乐无比，拥有不绝的精力。反之，你满怀抱怨、心生懈怠，情绪纷乱外，事事受到阻碍，工作效率无法提升，达不到好的功绩。因此，以心甘情愿的态度来做事，累时不觉累，苦时不觉苦，难时不觉难，具足勇气解决问题，进而无事不办。

"心"能左右一个人的成功或失败、欢喜或悲伤、失意或得意。在生活中，能做到以上四点，时时调整我们的心，则能日渐开阔，心生喜乐。

涵养身心之妙

人都希望受人喜爱，取胜的关键不在外貌，而是内心散发出的气质、风度和涵养。这样的人，凡事讲道、讲理，不计较、不粗言，言行举止，都能展现他的教养与修为，无论走到哪里，都会受人尊敬。如何涵养身心呢？可从以下四个方向着眼：

第一，有德，人必尊之

南宋理学家朱熹说："有德者，虽年下于我，我必尊之；不肖者，虽年高于我，我必远之。"《大智度论》也云："内心智德薄，外善以美言，譬如竹如内，但示有其外；内心智德厚，外善以法言，譬如妙金刚，中外力皆足。"可以说，一个人受敬重，与他的地位高低、年龄大小无大相干，而在于他是否有德。

第二，有功，人必崇之

常言道："功不可没。"一个在自己的专长领域、本分事上付出心血，作出贡献的人，必能为世人所推崇。

第三，有容，人必附之

佛陀提出"众生平等"，《金刚经》也说："若菩萨有我相、人相、众生相、寿者相，即非菩萨。"就是要我们学习以无私的心胸容人、容事、容物。所以，佛陀门下弟子成道、发心度众、为教奉献者，不胜枚举，不论王亲国戚或贩夫走卒，他都接纳包容，至今，佛法得以在全世界蓬勃发展。心中容纳多少，人心归附就有多少！

第四，有量，人必从之

做大事者，有容人的雅量，则所到之处无不宽广。像春秋五霸之一的楚庄王，宽待调戏爱妾的将士，不予降罪，这名将士以奋勇为国，打败敌军来感恩图报。语云："宰相肚里能撑船。"上位者有量，下位者必遵从；反之，心如窄巷，事事锱铢必较，如何获得人心？因此，要获得人心，首要条件是拥有如大海般的心量。

如何涵养身心？唯在有德、有功、有容、有量。一旦具足，人们必定尊崇、归附，而心向往之。

心灵净化

铜铁生锈了，用润滑剂抹拭；身体污秽了，则用清水洗涤干净；我们的心灵受到污染了，应如何净化呢？提供四点意见：

第一，用慈悲心来净化心灵

慈悲心就是一种仁爱之心，对人有爱心、有同情心，肯去帮助别人。我们能对别人的苦难感同身受，进而发起救苦救难之心，故佛经云："菩萨以慈悲为本，于一切众生常起饶益之心"，就是用慈悲心来净化内心里面的贪、嗔、欲望、愚痴、邪见，成就佛道。"宁可失去世间的一切，但不能失去慈悲心"，因为慈悲智慧是我们心灵永恒的财富，能净化我们的心灵。

第二，用惭愧心来净化心灵

惭，对不起自己；愧，对不起别人。知惭愧者，经常能警惕自我不能对不起自己别人、父母师长乃至社会国家，而能时时检讨反省。惭愧反省是悔过的勇气，是开启你我潜藏心力之钥。正如儒家所重视的"吾日三省吾身"反省功夫。我们透过反省检讨自己的缺失，心生大惭愧，有了这惭愧心则能内省不疚，改过迁善。

第三,用信仰心来净化心灵

心目中的诚信、道德人格和做人的尊严,就是人们的道德信仰;人们对道德规范的敬重就能净化心灵。不论我信仰佛教,或信仰什么宗教都好,因为有信仰,就有道德的观念,就有法治的观念,就能克己利人。

第四,用般若心来净化心灵

般若是什么? 就是智慧。开发智慧,是改造自己愚痴的认知。人要明理,不明理则会执着、愚痴、胡作非为。所以有人说:"宁与君子理论,莫与小人计较;宁与智者争论,不与愚者论道。"因此,用般若智慧来化导愚昧无明,来净化自己的心灵。

我们日常生活中,由于眼看耳听,无形中,增加了心理的压力与尘劳;唯有散播慈悲的种子,以惭愧法服庄严己身,以道德信仰增加力量,以般若法水洗涤烦恼尘埃,才能真正发挥净化心灵之效。

人心的疾病

身体有病，不管感冒、头痛，或是肠胃不舒服等，我们都会找医生治疗。其实，人的心理也有很多毛病，例如，嗔恨、嫉妒、贪欲、愚痴、邪见等，这些都是心理的毛病。身体有病要找医生诊疗；心里有了毛病，则要靠自我治疗。我们怎样医治心里的毛病？首先要把心病找出来，"人心的疾病"列举六点，提供自我审视：

第一，谄媚阿谀的病

做人要有骨气，才能活出生命的尊严。有的人看到有权有势的人就曲意奉承、逢迎拍马，说一些违心之论，做一些不当的行为，一心讨好、巴结，以图求好处。这种善于攀附权贵、谄媚阿谀却不以为耻的人，可谓自贬身价，失去人格，最令人看轻。

第二，奸邪不正的病

为人耿介，正直不阿，必然为人所敬重。有的人刁钻邪恶、心术不正，处处刁难别人、给人麻烦，甚至存心设计别人、陷害别人。这种人泯灭良知，就是心灵生病了。

第三，恶口两舌的病

爱听是非，爱传是非，爱说是非，这是很多人的通病。搬弄是非，就是两舌；说话伤人，就是恶口。有的人说话总是话里带刀、带刺，开口不是损人、伤人，就是挑拨离间，搬是弄非，这都是由于心里有病，所以发之为声，语言也跟着生病了。

第四，嫉妒嗔怒的病

有人说，女人小心眼，喜欢嫉妒、骄嗔成性。其实不一定是女人，社会上有很多人见不得别人好，只要别人比自己优秀，心里就难过，嫉妒心就油然生起。这是由于自己不足，又不容许别人比自己出色，所以嫉妒嗔怒都是内心贫乏所引起的毛病。

第五，反复无常的病

情绪阴晴不定，让人难以捉摸；行事反复无常，叫人无所适从。这种人往往心性脆弱，做不了自己的主人，只有听凭外境左右，而在是非得失、好恶爱憎里起伏波动。这种内心缺乏力量的毛病，必须自我建设才能改善。

第六，不知感恩的病

互助合作，相互成就，透过众缘合和，我们才能生存。因此，凡是心智成熟、心灵健全的人，都应该感谢社会大众的因缘成就。但是有的人却将别人助成我们的善因善缘，认为是理所当然的，因此不但不知感恩，稍有不如意就怨恨、不满，这就是内心贫穷所造成的毛病。

人的心理病态，导致行为偏差，必须靠信仰的力量、道德的重建、人格的提升才能医治。

心的造业

每个人都有一颗心，心是我们的主人，心是我们的领导。你看，心叫眼睛看，眼睛就去看；心叫耳朵听，耳朵就听；心叫嘴巴说，嘴巴就说。心是我们的主人，它要我们怎么做，我们就听命从事；如果我们管理不了自己的心，任由心意起惑造业，这是很可怕的事。"心的造业"，有四点：

第一，无心伤人是罪过

我们经常看到有的人说话得罪了人，做事伤害了人，他总是解释说："我是无心的！"但是，"无心"就能推卸责任吗？试想，今天如果你杀了人，别人人头落地了，难道能够因为自己无心，别人就该倒霉？因为你的无心，就能杀人无罪吗？所以"无心"不能当成借口。无心伤害人从法律上讲，过失杀人、误会杀人，罪过比较轻；但是从因果业报来看，杀业还是存在。所以我们平时应该谨言慎行，不可以无端得罪人、伤害人、侵犯人，否则即使是无心伤人，也是罪过。

第二，妒心害人是缺德

"见不得别人好"，这是人的劣根性。有的人因为嫉妒别人好，嫉妒别人有，嫉妒别人能干、升官发财，因此就想方设法打击别人、陷害别人。如此妒心害人，不但有罪过，而且是不道德的。

第三，嗔心杀人是恶毒

佛经说："嗔为毒之根，嗔灭一切善"，因此"学道先须不要嗔，嗔心未断道休论"。人在受苦或遇到逆境时，容易生起嗔心。有人嗔心一起便随意骂人、打人，甚至杀人，这时内心毫无慈悲心、怜悯心，只有嗔火攻心，于是再恶毒的事都做得出，这是很可怕的。佛经又说："嗔心甚于猛火，常当防护，无令得入。劫功德贼，无过嗔恚。"

第四，疑心误人是愚痴

怀疑和误会，很容易在人际间筑起一道无形的墙，最能破坏情谊。一个疑心病重的人，往往由于缺乏自信，因此常常对人生起疑心，经常错怪别人、误会别人。如此多疑之人，即使是最亲密的夫妻，日久感情也会出现裂痕，可以说伤人又伤己，实在愚痴、无智。所以做人要明理，对己要有自信，对人要有诚信，这是做人成功的要件。

人之心，可好可坏；好心很可贵，坏心很可怕。我们平常讲"管理"，不是要管理别人，而是要管理自己，尤其要管理好自己的心，否则任由我们的心胡乱造业，实在可怕。

空静心悟

佛教讲："万法归一""一念三千"；道教也说："抱元守一""形神合一"；儒教亦云："执中贯一"。其他各个宗教也都提到"一"，可见"一"是万物的起源。如《华严经》说："一即一切，一切即一。""一"虽然是很小的数字，却涵盖了宇宙之理。

如果我们的人生，能将一个字好好运用于生活中，则生活能泰然而自在，现在我们以"空""静""心""悟"四个字，来谈谈一个字所涵盖的无限义理：

第一，万变的道理在于一个"空"字

世间的千变万化中，"空"的变化最大，就如一个房子因为有空间，所以我们可以自由地摆设物品；儿童，因为纯洁如白纸，所以可以形塑出大人们所教授的才能。"空"就像"0"一样，虽然什么都没有了，但是如果在"0"的前面写上一个"1"字，就成了"十"，以此类推，它可以加到无限大。人亦如此，刚出社会或一时的失意，就如"空"一样，只要肯努力、肯付出，其未来的成就是万变无穷的。

第二，动荡的终结在于一个"静"字

世界上无论什么事情，最后终归于一个"静"字。生命的生灭流转、器界的成住坏空、万物的聚散离合，不都说明"天下没有不散的筵席""万物终归于静"吗？所以一切事物的好好坏坏总会过去，对于眼前的失败，不可一溃不起；对现前的成功，亦不可得意忘形，因为不论世间如何动荡，万法如何差别，因缘的散去、改变，终归回到原始之点。

第三，最广的境界在于一个"心"字

人的身高有五尺、六尺，心在整个身体的比例里，是微不足道的。但是宇宙、法界都在我们的一心之中，所谓"心包太虚，量周沙界"。虚空可以包容万物，我们的心就跟虚空一样，可以包容国家、包容全世界、包容整个星球，所以最广的境界就在我们的一"心"之中！禅门公案说："万法归一，一归何处？"就在我们的"一"心！所以心外的空间不必去占取、执着，因为我们心内的世界比心外的空间更人！

第四，自在的生活在于一个"悟"字

生活的最高境界，就是要随缘、随喜、随分，要自在、安然、解脱，这样的生活，就建立在一个"悟"字之上。一个有悟境的人，他能不受物质的丰缺束缚，他的喜乐不因为贫富而有变易，就如慈航法师说："只要自觉心安，东西南北都好。"所以，有"悟"的生活，就是纯真洁净、自然洒脱的生活，是随缘自在、轻安自如的生活，所以，我们每个人都应该让自己的生活，有一个"悟"境的随心。

《佛光菜根谭》说："万贯家财，不如一技在身；满腹经纶，不如一善在心；高谈阔论，不如一言九鼎；长篇累牍，不如一字千金。"所以，一个字，可以作为自己向上的动力，也可以作为调整心性的推力。

卷三　｜　如何日日增上

初学的人要增广见闻，才能日新又新；

入门的人要增加历练，才能更上层楼；

熟练的人更要洞悉远见，才能豁然达观。

忏悔的力量

忏悔，是佛教重要的修行法门之一。忏悔是一种反省的功夫，如同衣服脏了，要用清水洗一洗才会干净；身心肮脏了，必须要用忏悔的法水才可以洗净。忏悔表示认错，你看儿童认错了，父母就不会责罚他；甚至于犯了国家的刑法，法官判罪量刑之前，如果你有忏悔认错之心，也能把刑责减轻一点。忏悔有很大的力量，所以每个人要不断地忏悔，道德才能进步。关于"忏悔的力量"有四点：

第一，忏悔的明矾能洁净污浊

《易经》云："履校灭趾，无咎。"人只要常常反省、忏悔、改进，就不会有过失。忏悔，就像将明矾投于一缸污浊的水中，污水经过搅拌，肮脏的部分就会沉淀下去。所以，忏悔像明矾投于污水，能去除自身的坏习性，能长养内心清净的种子。

第二，忏悔的针药能医治百病

佛教的经典将佛陀比喻为医师，佛法比喻为药方，所以忏悔就像针药，能医治众生的贪嗔愚痴。人人都希望把自己好的一面表现给别人看，坏的一面就想尽办法掩饰。其实凡夫众生难免会犯错，犯了错要勇于面对，并且真诚地忏悔，而不是一再覆藏。就如人的身体长了恶瘤，如能以利刃将它切除，则能远离病苦，进而恢复健康。所以，做了错事要能发露忏悔；忏悔即能清净。一个人能承认自己的错，才能得到别人的原谅，也唯有如此，才能洗净我们的身心，得到真正的清凉。

第三，忏悔的山泉能顿除干渴

忏悔就像清凉的泉水，当你走路走得又热、又渴，全身汗流浃背时，喝几口潺潺的流泉，清凉自在，暑气顿消，很快就能恢复体力。一个人犯了过失，心中的不安就如干渴之人，不得自在，所以人要从罪恶中重生，必须发露忏悔，才能去除热恼，还复清净。

第四，忏悔的导师能救护指引

忏悔，就是让人有重生的力量，忏悔，就是给人改过自新的机会。忏悔就像导师一样，在你"觉今是而昨非"，真诚地发露忏悔之后，彻底断除恶念恶习，让你有改过自新的机会，且能肯定地迈向光明之路。忏悔在我们的心里可以产生很大的力量，它能让我们不断地再生、不断地更新、不断地进步。因此，不管任何一个宗教，都非常重视忏悔的修行。

因缘果报

"法不孤起，仗境方生"，世界上的任何事物，都不能单独存在，也不是突然而有，必须靠因缘合和才能生起。例如忽然发财了，发财必有发财的原因；竞选公职受人拥戴，必然也有受人爱戴的因缘条件。所谓"如是因感如是果"，任何事情的结果，都离不开因缘法，所以，我们必须正见"因缘果报"的关系。有四点说明：

第一，富贵从喜舍中来

同样是人，为什么有人富贵，有人贫贱？当你看到别人荣华富贵，你羡慕吗？你也想得到富贵荣华吗？可以，你要求富贵的话，首先要肯喜舍，从喜舍中才能得到富贵。只要你肯把欢喜、慈悲、利益喜舍给人，自然就会获得富贵的果报。

第二，家业从勤俭中来

勤俭是天然的财富，很多人家业有成，都是靠勤俭而来。过去有个老翁，勤俭持家，多年以后终于建了一栋房子。当新居落成大宴宾客的时候，老翁请工人坐在上首的位子，让自己的儿孙坐在下首。旁人不解，问明何故？老翁说：今天帮我建房子的是这许多工人，将来把我房子卖了的人，将是这些儿孙。意思是，儿孙不知一切得来不易，不知勤俭，终有一天会把家产挥霍殆尽。所以勤俭的人才能成家立业。

第三，善友从道义中来

朋友相处，贵在真诚；以诚待人，才能赢得人心。所以，你要结交好的朋友吗？首先要讲究信用、讲究道义；你能诚信待人，时时刻刻都行得正、坐得正，才能交到讲道义、存仁心的好朋友。

第四，宁静从淡泊中来

"紧张忙碌"，可说是现代人的生活写照，大部分的人每天无不分秒必争，忙于工作，但最终却发现，不知人生所为何来！所以，在熙来攘往的生活里，每个人每天都应该有一点属于自己的生活，享受一下"宁静"的人生意味。假如希望求得宁静，首先要有淡泊的性格，不要一味地追求虚荣、恋慕繁华；从淡泊里才能享有真正的宁静。

"菩萨畏因，众生畏果"，菩萨知道有因必然有果，因此慎防于始；凡夫众生总是等到结果产生了才后悔，才会畏惧。甚至不种因，却希求果报，这都是愚痴、无明的表现。所以人要有正见，要懂得因缘果报的道理。

察言应对

我们想要认识一个人，第一步就是要先懂得察言观色，也就是先了解他说的话，再看看他的样子，慢慢的，我们就会对这一个人有所了解。清朝李鸿章，带了三个人求见他的老师曾国藩，请老师分配职务，刚巧在庭园遇见曾国藩从外面散步回来。进入室内，曾国藩笑着对李鸿章说："不用再召见了，右边那位，垂首不敢仰视，可见他恭谨厚重，可以委派后勤补给的工作。中间那位，表面毕恭毕敬，待我走过以后，立刻左顾右盼，是个阳奉阴违的人，不可重用。左边那位，挺直站立，双目正视，不亢不卑，是个大将之才，应予以重用。"

曾国藩是这样观人，那么，我们要怎样察言应对呢？有四点：

第一，人出巧词，以诚相接

有的人会以他的智慧、巧辩，来跟我们交谈，假如我们词穷口拙，应对不上，没有关系，只要以诚恳的态度、诚挚的心意来回答，还是可以得到对方的接受。

第二，人出厉词，以婉相答

假如有的人以疾言厉色，给我们的呵斥，给我们的责怪，不要计较他的面色难看，语言苛刻。你以委婉、诚恳的态度来回答他，他的口气也会跟着你缓和下来。

第三，人出谑词，以默相待

当我们遇到有人说话不友善，给我们讽刺、戏谑的时候，心要沉静下来，不受动摇，不必开口。假如你以恶言相向，就会立刻失去风度，这是很划不来的。最好的方法是学习佛陀，以默相待。"默摈治之"就是佛陀对待恶人恶言的方法。

第四，人出责词，以礼相告

当一个人出言吐语刻薄无理时，你千万不能和他的相应计较，跟着他起舞，一刀一枪，一来一往，不必要！

你要用礼貌来相待，你做人处世的内涵，就在他之上了。

《逸周书》也提到，从一个人说话的声音，可以辨别这个人的性格。一、内心不诚实的人，说话的声音零零落落，支支吾吾。二、内心诚信的人，说话的声音清脆、节奏分明。三、内心卑鄙的人，说话的声音阴阳怪气。四、内心宽宏的人，说话的声音温柔和缓。如果我们能从认识人，进一步用人、处人，那么就有大智慧了。这四点察言应对的方法，可以参考。

净土世界

一般人都想"拥有"，拥有财富、拥有房屋、拥有土地、拥有娇妻、美眷等。其实"拥有"也不一定好，"没有"也不一定不好，尤其我们可以"没有"，来让生活增加一些清净，让内心少一些负担。"没有"什么呢？

第一，没有贪念的噪音

"贪念"，让我们不断地"想要这样、想要那样"，得到时便欢喜，得不到时便失落，心里的起伏忐忑，像噪音一样，喋喋不休地干扰我们，让我们不自觉地沉沦在苦、乐的境界里，无法抽拔。甚至，有一些人刻意满足你的贪欲，送这个、送那个，好让你掉进他对你"予取予求"的陷阱。假如没有贪念，就没有这些逢迎谄曲、趋炎附势，生活会超然许多。

第二，没有瞋火的热浪

"瞋"，是对于违逆自己心意的人事物情境生起憎恚，使得身心热恼，不得平静的精神作用。很多人一定有过这样的经验，一发起脾气来，瞋火就像热浪一样袭击身心，不但不得自在，甚至坏了许多好事，无法挽回，徒增懊恼。佛法教我们用慈悲、包容可以对治嗔心，所谓"一心之嗔，千般为恶；一念之慈，万物皆善"，息去嗔火，自然寂静清凉。

第三，没有爱水的污浊

爱有自私的，也有奉献的；有染污的，也有清净的；有狭隘的，也有宽广的；有愚痴的，也有超越的。如果爱得太复杂，爱得太执着，爱的对象不对，爱的方法不对，爱的观念不对，所谓"爱河千尺浪，苦海万重波"，爱欲的大海，就会让我们沉没；污浊的爱，就会让我们痛苦。因此，要用慈悲升华所爱，用伦理净化所爱，用道德领航所爱，用善美成就所爱，用祝福加持所爱，才能真正得其所爱。

第四，没有邪见的垃圾

口里脏了要刷牙，身体脏了要盥洗，心里脏了也要清洗，如果知见不正成了邪见，就是心里的垃圾。好比拨无因果、恶不足畏、善不足喜，这些都是邪见。经典形容邪见种类之多，犹如稠林茂密交互繁生，令人难以解脱，所以说邪见稠林可怕。我们要用般若正见去除邪见，以因缘法破除邪见，去除邪见倒去垃圾，才有拨开内心迷雾，获得明朗自在的时候。没有噪音、热浪、污浊、垃圾，那就是净土世界了。

如何清净

衣服脏了要洗干净，穿得才舒服；环境要整齐清洁，才能住得愉快；能保持口腔的清洁，能减少病菌滋生，也会感觉很舒服；洗过澡，身体没污垢，特别清爽舒服。清净是愉快、舒服的原因。外在的污垢可以借由水来清净，内心的清净又该如何保持？

第一，举止真实无谄

我们的举止行动要实在而不曲躬谄媚。有些人碰到有权、有财势的人，就曲躬谄媚，对于没钱没地位的人，就摆出趾高气扬的姿态，傲慢无礼，这就是心不清净。《法华经》说："我慢自矜高，谄曲心不实，于千万亿劫，不闻佛名字。"以不清净的心为人处世，处处有所亏欠，当然无法契入佛道。

第二，领众心行平等

不管是做家长领导一家，还是在职场上身为主管，总是要心行平等才会清净。对同事一视同仁，不存个人主观的偏见；对于种族、地域，不以自己的好恶选择对待；对于别人，平等尊重。不论男女，同等尊重，对于老少同等爱护，不分别种族、地域，不分同党别派。心行平等，才能清净。

第三，处事正念行空

当我们与人共事，要心存正念，不欺负人、压制人，不想沾别人的光。没有欺负人的念头，与我们共事者会觉得如沐春风；没有压制别人的念头，与我们共事者才能发挥潜能；没有沾光的念头，对方才能享受付出代价的光荣。古德赞佛说："心包太虚，量周沙界。"我们也应勉励自己，让自己心净如太虚空，包罗万象。

第四，为人内外一如

如果一个人常常心想、口说与行动各有标准；或是对内一个态度，对外又是另个样子，久而久之会让人瞧不起。做人最讲究的是"内外一如""心口如一"，我的心、言谈、举止都不相违；我对自己、对别人都是同等态度，如此不仅能赢得他人的尊重，自己内心也才会清净。我们常说："人圆即佛成"，一个圆满的人，他必是内心清净无伪，无谄曲不实，为人处世无差别对待，心口如一无相违之处。《胜天王般若波罗蜜经》也说："菩提道者，所谓信心、清净心、离谄曲心、行平等心、施无畏心，令诸众生咸悉亲附。"

因果

我们常听人说因果、因果，每个人对"因果"的看法不一样，有的人相信因果，有的人不信因果；有的人畏惧因果，有的人无惧因果。甚至有人说：因果是佛教的专属教义。其实，因果是一个非常科学的理则，不管你信不信因果，它都是一个存在的事实；无论你信仰什么宗教，所谓"如是因，如是果"，因果是放诸四海而皆准的真理。

因果的道理亘古不变，但是，面对因果的心态则因人而异。以下列举四种人对因果的不同反应：

第一，善人以因果为朋友

一个明因识果的人，肯定相信因果的必然性，他的一切行谊随时随地都不会离开因果的范畴，而能"不因恶小而为之，不因善小而不为"，他时刻提醒自己"诸恶莫作，众善奉行"。因此，因果就如善友，提醒自己不能造作恶业；因果就如良朋，随时告诫自己以历史的报应实例为借镜，不能重蹈覆辙。所以，善人以因果为朋友。

第二，智人以因果为龟鉴

历史是一部因果报应的记录，人生是一出因果报应的演出。

世间的善善恶恶、好好坏坏，不管如何变化，都是在善恶因果之内。一般凡夫众生，总是不计一切地贪爱享乐，或是无明造作之后，才惭愧忏悔自己的过失，往往为时已晚。一个有智慧的人，为了免除恶报无穷，会以因果为龟鉴，他会慎防于因，让自己免受恶报之果。所谓"菩萨畏因，众生畏果"，就是说明智人以因果为龟鉴。

第三，愚人以因果为无稽

世界上有一些人，不相信因果的道理，他不认为做善事必得善报、做恶事必得恶报，于是为所欲为，放浪形骸、广造恶业。这类的人，我们视其为愚痴之人。愚痴之人因为不相信因果，任意造作，于是种下六道轮回的业因，所以一个人可以什么都不信，但是不能不相信因果。神通第一的目犍连，他的母亲生前不相信因果法，贪嗔邪恶，致使死后堕于饿鬼道中受苦。所以，我们切莫以因果为无稽。

第四，恶人以因果为仇敌

坏人讨厌因果，为什么？因为他知道作恶多端，必定会遭受报应。所谓"种什么因，得什么果"，这是因果不变的定律，所以恶人最怕因果，他以因果为仇敌。

因果是宇宙万有生灭变化的普遍法则，是维系社会秩序的法律。虽然我们每个人、每一天都生活在因果法则中，但是各人对因果的看法不同，从中也能看出一个人的智愚、善恶。

何谓净土

很多人问："什么叫净土"？净土是一块清净、安乐的土地，净土不一定在遥远以外的世界，我们这个人间也有净土，像环保做得好的国家，我们称它是"人间净土"。也有人问："净土是什么样子?"举例说，净土里的人，他们吃饭的筷子都是三尺长，搛一块菜，送不到自己的嘴里，就给对方吃，对方谢谢不已，于是我搛给你，你搛给我，相互感谢，彼此欢喜。但是，不是净土的地方，他们吃饭的筷子也是三尺长，可是老是送不到自己嘴里，也不肯送给对方，他就生气、骂人、嗔恨、自私，所以日子就不好过，像是在地狱一般。因此，佛教常讲"要建设人间净土"。到底什么是"净土"？有四点意见：

第一，酷暑严寒都好

禅师有谓："热到热的地方去，冷到冷的地方去。"天气热，你也欢喜，天气冷，也没有关系，乃至你对我"热"情相待，我会感谢你，你对我"冷"眼相看，我也礼貌尊重，这个世间，无论天气冷热、人情冷暖，都是无常，它没有标准，主要我们自己内心要有力量来适应外在的变化，只要你觉得"寒暑都好"，它就是一片净土。

第二，东西南北都美

有一个空间，就会有东、南、西、北不同的方向。有的人喜欢这里，不喜欢那里，有的人喜欢这边，不欢喜那边，买栋房子，要看地理，摆个办公桌，要选方位。其实，只要你自己心里能适应环境，适应当下生活，如同慈航菩萨所说："只要自觉心安，东西南北都好。"就会感到无论东西南北各方位置，都是很美好的。

第三，高低上下都妙

这世间有高山，有水洼，有河流，有海洋，高山有它的巍峨气势，河流有它的曲折蜿蜒，海洋有它的壮阔无边，能欣赏山河大地高低曲折，奇特景致，就会觉得大自然奇妙无比。同样的，人生也会有高低起伏、上场下场，它没有永远处于巅峰，也不会永远低潮，放宽眼界，放下包袱，体会生命的转折变化，就会感到人生的美妙。

第四，人我界限都无

世间上所以有苦，就是由于人我之间太过认真算计、太过执着分别。假如生活中，能跳脱对立，打破人我界限，不计较、不比较，甚至视人如己，你就是我，我就是你，同体共生，待人处事的境界，就会大大不同，我们在人间的生活，就会非常的美满了。

从欣赏自然寒暑，到适应世情浓淡；不分别地理方位，明白处处好风好水；不轻高低上下，尊重一切族群、阶层；人我没有界限，体会互存互依的因缘关系，做到以上四点，人人身心安顿，那就是和乐相敬的"人间净土"了。

菩萨的作为

一般凡人，只要发心立愿，皆可以成为菩萨。不过，如同我们求学、读书，必须经过小学、中学、大学的学习，才能进入硕士、博士学位，菩萨也有很多层次，首先要发心，再精勤不懈地修行，功行才能不断升华。菩萨有菩萨的行为作风，要如何学习呢？以下四点提供：

第一，发菩提心

所谓菩提心就是发"上求佛道，下化众生"之心，因为有愿心才能成就；菩提心具有发愿增上的力量。初学的菩萨要学习发四弘誓愿、四无量心；要发"但愿众生得离苦，不为自己求安乐"之心；要发先人后己、先众后我之心。世上没有天生的弥勒，也没有自然的释迦，以菩提心作为成就道业的基石，才能有大愿大行。

第二，行正勤事

何谓正勤事？就是精进勤奋于行好事，也就是佛门里的"四正勤"。未做的好事要赶快完成，已行的善事要不间断地精进持续，如钻木取火，不可中途停顿。生命只在呼吸之间，有心修道或行善，要把握因缘，不可蹉跎、懈怠，要精进为善，学习菩萨的众善奉行，以及积极作福、进德修业、贡献社会的勇猛力。

第三，观般若慧

般若非外来知识，它是众生的清净光明本性，是众生的本来面目，惠能大师说："一切般若智，皆从自性而生。"修行不是光看别人，要时时反观自照，检讨自己的过失，看取自己本心的般若自性，探究自性的本源，才能认清事情的真相。平时更要用智慧来判断处理各种事物，不为假相迷惑而患得患失，如同菩萨之妙用般若智慧，不但自己生活自在，亦能利益众人。

第四，耕大悲田

人人都有一亩心田，田里撒下什么种子，将来就长出什么果实。看到众生受苦穷困，我们应该布施他、帮助他、慈悯他，像菩萨一样济世行慈，视众生苦难为自己的苦难；有度众生而不望回报的大悲心，才是真正耕耘心灵的悲田。

我们是初发心的菩萨，要以上位菩萨为见贤思齐的对象，如果能学习菩萨的作为，并应用于日常生活中，人生就会妙用无穷。

菩萨的精神

《现观庄严论》说，菩萨他"智不入诸有，悲不住涅槃"，与众生同处生死烦恼大海，以大悲大舍的利济之心，勇猛精勤，修行不懈。因此，菩萨不是泥塑木雕、供在佛殿里让人礼拜的偶像。真正的菩萨，是在这世间发菩提心的修道者，是一位如你我般活生生、活泼泼的人，只要发心，你我皆可成为菩萨。"菩萨的精神"是什么呢？下列四点意见：

第一，对五欲不舍不避

"五欲"是财、色、名、食、睡。对五欲，有人过分贪求，沉迷不起，有人却视为毒蛇猛兽，避之唯恐不及。其实这两者都有失偏颇，所谓"色不迷人人自迷，酒不醉人人自醉"，对五欲，不必舍弃也不必远避，利用五欲，一样可以普度众生，好比维摩居士，在热闹场中作道场，在五欲里更能看出他的道行。

第二，对魔王要不惊不怖

凡是扰乱、破坏、障人好事、断人慧命的，皆称为魔。在这世间修道，常常遇有障碍、破坏我们修道的魔。遇到魔难时，不要怕、不要畏惧，鼓起精神勇气来，为自己加油打气，努力克服难关。"行正不怕人来谤，心正不怕魔来烧"，只要我们有正当的思想，有正派的观念，有正见的思维，有正命的生活，没有无法降服的魔。

第三,对困难不退不怯

在人生的旅途中,有各种关卡:名关、利关、生死关,关关难过。一位真正的修道菩萨,遇到困难关卡,会视为考验,不生退怯。不管是苦是乐,一位修道菩萨都会随遇而安、随缘生活。中国教育家蒋梦麟曾说:"做事时,困难不成问题,危险不成问题,所患者,无伟大之精神矣。"这正是菩萨精神的最佳写照。

第四,对生死不疲不厌

常有些修道人说:"我要了生脱死",为什么呢？因为他感到人生如萍,在生死里漂泊,感到很辛苦。其实,生者死,死者生,生生死死犹如薪尽火传,生命是不死的。真正的菩萨,会从世间缘起去观照,懂得生死一如,在生死里度众,对生死不会感到厌倦。

《菩萨地持经》说:"菩萨种性,发菩提心,勤行精进,则能疾成阿耨三藐三菩提。"众生无穷无尽,但菩萨却能精进勇猛,持续不退,这正是转凡成圣迈向成佛之道,也是大乘菩萨的具体实践。

持戒之诚

戒律如同法律，是行为指标、团体规矩，也是道德行仪风范。守戒就是守法，人人守法，社会有纪律，国家就容易富强康乐。持戒者让人尊敬，但也有几项应该避免：

第一，以戒自我标榜

持戒的目的是斩断烦恼，去除痛苦，不但净化自己，也净化团体。但是有些人不懂戒律的根本精神，以持戒来自我标榜，甚至以此求得信徒供养，就违反佛道了。唐朝道宣律师创立律宗，承袭佛戒律仪，近代弘一大师严持净戒，他们不自我标榜，反而自然地受到世人的推崇。戒律道德不仅让佛教代代相承，也是维持社会和平，提升人类品格的力量。

第二，以戒责骂他人

持戒原本能得清净，但是有些人持戒，常常看不惯他人，指责这个不对，批评那个不如法，甚至用戒条来骂人，忘记持戒以不侵犯他人、饶益有情为宗旨，反而常生嗔怒，把原本清净的圣法，变成了世俗法。我们要体会持戒的殊胜，先要降伏自心，长养柔软清净心，做到莫论他人长短，他非我不非，才能身口意清净。

第三，以戒要求别人

戒律是佛陀随缘而制，因地制宜而说的。时代不同，民情风俗迥异，自然也会有适应时代的新规矩，只要不违根本，也不必太过执着。但是有些人，专门研究佛制戒条，以此来要求别人，一开口讲得头头是道，自己却无半分做到。持戒的态度，应该是自己持好最重要，别人的做法如何，不必妄加批评，重要的是以"戒"来清净心灵，开发智慧，斩断葛藤束缚，达到圆满的人生。

第四，净戒毁犯不守

戒律是做人的基础，无论受或不受，触犯了都同样有错。戒律是一切善法的根本，可以摄受诸善法，长养诸善根。但是有些人不了解持戒的精神，担心受了戒会自我束缚，其实受了戒才是真正的自由。关在牢狱里面的人，不都是犯了戒，身系囹圄，才失去自由吗？而且不只今生不自由，来生还要堕落地狱，更不得解脱。持戒是持心戒，意念清净最为重要，而人间佛教重在受持菩萨戒，更应以慈、悲、喜、舍四无量心戒，悯念一切众生，广度一切众生。

平等法

人都希望获得别人的平等对待，但世间事本来就有很多的不公平，例如国与国之间，有大国小国的不平等，种族和种族之间，有肤色与阶级的歧视等。其他如智愚之间、贫富之间、男女之间，都难以平等，因此常有"不平则鸣"的申诉。

佛法是讲究平等的，所谓"佛与众生平等无二""四姓出家同一释氏"。我们如何从世间法的千差万别中，把大家归到平等里呢？有下面四点意见：

第一，不以智愚计优劣

一个人的成功不在于智慧高低，而在于努力的多寡与机缘的成就。例如爱因斯坦小时候被老师认为是智障儿，后来因为他对"知"的追求，以及不断探索"不知"的领域，因而解开了宇宙间时间与空间的问题。其实，在一般人当中，即使是经由医学认定的智能不足者，我们也应该尊重他们人格的尊严，如智障儿等一些心智障碍者，他们自力更生的精神，难道比不上一位心智健全，却不事劳作，整日游手好闲，甚至偷盗淫荡者强吗？所以，一个人的优劣，不能以其智愚来论定。

第二，不以贫富别高下

人的尊卑，不能以金钱贫富来评定，更不能以其外貌来评价，如孔子说："吾以言取人，失之宰予；以貌取人，失之子羽。"一个人，只要肯上进，贫贱只是人生的小插曲，如清朝的红顶商人胡雪岩，以及钱王王炽不都是出身贫寒，经由自身努力而致富的吗？所以人的高下，不能以贫富来论定。

第三，不以贵贱定尊卑

《红楼梦》云："荣辱自古周而复始"，这是说明人没有永远的工人或是永远的总统。即使一时间职务有贵贱之别，但并不代表身份的尊卑，因为即使是一名清洁人员，或是挑砖的工人，都是社会上不可缺少的职业。齐白石说："乌衣纱帽俨然官，推倒原是泥半团"，乌纱帽代表着一个人的官位，但是乌纱帽底下的人，在本质上与众生是没有两样的，所以一个人的尊卑，不能以贵贱来论定。

第四，不以利害分人我

《法句经》说："胜则生怨，负则自鄙；去胜负心，无争自安。"一般人经常喜欢以比较的心来与人争胜负，人一旦有了一较高下的心，就会有谁好、谁劣的分别，而有争名、争利的冲突；反之，如果我们有群我的观念，就能相互尊重，彼此成就。自古以来一些军师权谋、纵横策士，在人我斗争间耗费心力，而今这些诸子百家的胜负与今何干？所谓"万里长城今犹在，不见当年秦始皇"，所以我们不要把人生的大好时光浪费在利害得失上，更不要以利害分人我。

人，只要没有计较的心，就不会有争执；对一件事情的处理公平不公平并不重要，重要的是自己的心平即可。

何谓法会？

人与人相聚的因缘很奇妙，形式也是五花八门，不过，有一种特别殊胜的聚会，是以"法"相"会"，也称为"法会"。什么是法会呢？

第一，以法为会

一般人以为，法会就是到寺院里参加某种宗教仪式，其实这只是狭小的一部分。法会，是以真理集会大众，大家聚在一起，彼此交流，听闻、体会佛陀所说的法义。它不仅仅限于宗教仪式，它也可以是一场讲演、读书会、讨论会、联谊会、禅坐会等等，不论任何形式，让参加者对真善美的道理有所吸收，有所获益，就是一场法会。

第二，以法为师

有些人拜师学艺，这是以人为师。佛教讲"依法不依人"，是要我们以真理为师。以法为师，让我们找回内心本有的清净真如佛性；以法为师，可以和宇宙万有交融，提升内在的精神、思想、观念、见解；以法为师，它开通我们的生命，让我们离苦得乐，转迷为悟，让我们去缠缚、得自在。

第三，以法为轨

以法为轨，能够让我们对宇宙事物有所了解，认识它的准则、规范。好比一朵花、一棵树，有它成长的规则；一桌一椅、一人一事，乃至一个念头，有它缘起生灭的规则。一个我行我素的人，经常为人所诟病，因为他不懂得与人相处的规则。参加法会，以法为轨，能悟出道理，人人以法为轨，能与人融和相处，人际关系和谐，社会安乐，世界可致和平。

第四，以法为乐

学习佛法，能看清世间真相，生灭轮转、生生不息，一切都是缘起法则。看透生命，执着能够放下，痛苦能得解脱，颓丧能再提起，懈怠能转为积极，此即所谓"有佛法就有办法"。有了法乐，不会耽溺在财色名食睡五欲的短暂快乐。享有法乐的人，身体轻安，内心安宁，肯定生命存在的意义，不论贫富贵贱，都很自在。

与法相会，让生命增加内涵，领悟生命的喜悦；与法相会，让生命与真理交流，感受生命的美好；遵循生命的规则，智慧自然从心中流露。

如何日日增上

《礼记·大学》云："苟日新，日日新，又日新。"许多人都会自我期许、自我勉励，希望能够日日增上，有所进步。如何在生活上增加一些助缘，让生命每天有所增长？以下四点参考：

第一，礼佛更要学佛

礼佛可消除业障，增加福慧，另一方面可以制伏我慢，庄严身心。礼佛不只是口头说说，或身体拜一拜，进一步要以一颗诚恳的心，学习佛菩萨的言行，修正自己身口意，才能获得学佛的益处，成为一个行事端正、心意善美的人。更甚者，能够扩大心胸帮助他人，自他增上，一起圆满人生。

第二，读经更要讲经

有人欢喜读经，却不了解经里的意涵。要了解经义，可以透过讲说来明白。像佛陀的弟子罗睺罗修行很久都没有开悟，他的老师舍利弗要他把五蕴、十二因缘的道理讲给别人听，讲了几次后，他就开悟了。讲经必须自己先下功夫，才能穷通经文的内涵，会比读经更深入体会。因此读经之外，更要讲经。

第三，念善更要行善

经常听到有人说："我心好就好了，为什么行善?"心好很好，但这是不够的。就像有再多的理想、再周延的计划，不把它付诸行动，一切的理想、计划都是空想。因此，拥有善念，再加上实际行动，这份善心才能发挥出来。观世音菩萨有大慈大悲的愿心，更能千处祈求千处应，所以它能慈悲度众，日积月累，成就了菩萨道。

第四，修心更要发心

人之所行，心之所向，我们的言行，都是心念所引导，所以说修行要先修心。修心更进一步要发心，立定目标，例如发心做百件好事、发心与人为善、发心慈悲喜舍、发心解行并重，只要你肯发心，用行动做更多利益他人的事，生命会更广阔，更有意义。

《杂阿含经》："鄙法不应近，放逸不应行，不应习邪见，增长于世间。假使有世间，正见增上者，虽复百千生，终不堕恶趣。"每个人都要正确地学习，初学的人要增广见闻，才能日新又新；入门的人要增加历练，才能更上层楼；熟练的人更要洞悉远见，才能豁然达观。

妙因妙果

"法不孤起，仗境方生"，世间上无论何事、何物，都不可能单独存在，也并非突然而有，都是靠因缘合和所生起。所谓"如是因、如是果"，凡事有了微妙的因，才能生起微妙的果。所以"妙因妙果"有四点说明：

第一，静能生悟

人，莫不希望自己能够聪明有智慧。怎样才能把自己所学的知识，透过体悟转化为智慧呢？佛经云："菩萨清凉月，常游毕竟空，众生心垢净，菩提月现前。"江水映月，必得水清而宁静的时候，月亮才能显现江中。人，往往在静下来之后，心中的杂念妄想摒除了，一些过去的人事，就会慢慢浮现出来，甚至已经遗忘的事物，也会忽然记忆起来，所以佛教讲"戒、定、慧"，经由静定的功夫，才能生出智慧，因此"静"是"悟"的妙因。

第二，熟能生巧

"万事起头难"，凡事只要经常演练，就会熟能生巧，变成专业。就如学骑自行车、学习游泳，以及乐器弹奏、计算机操作等，练习久了，技术就能纯熟。甚至读书也是一样，读熟了，书里的文词就能琅琅上口，而且在日常生活中，也会不经意地想起书中的文义。正如苏轼所说："旧书不厌百回读，熟读深思子自知"，这都是说明"熟"是生"巧"的妙因。

第三，勤能生有

《左传》云："民生在勤，勤则不匮。"人只要能勤劳，就不会贫穷，只要能勤劳，就不怕一事无成。读书也是如此，只要能"勤"，就能知识广博，所以"勤"可以制造财富，"勤"可以积累学问。贝多芬说："只有勤奋不懈才能够获得技巧"，所以世间任何一件事情，只要有"勤"，必能有所成就，只要有"勤"，就能荷囊满丰，所以"勤"是"有"的妙因。

第四，喜能生乐

每天的生活，如果我们能见到人就欢喜，遇到事也欢喜，在任何环境里都欢喜，如布袋和尚的"满腔欢喜，笑开天下古今愁"，就可以将欢喜散播给人。欢喜就像蜡烛一样，只要你把火点燃，就能带来光明；欢喜就像太阳一样，只要一经照射以后，就能破除寒冰。白居易说："不开口笑是痴人"，因此我们要能常怀欢喜心，让生活中充满欢喜，如此人我之间，必能充满欢乐，生活自然就会快乐，因此，"喜"是"乐"的妙因。

谚语云："种瓜得瓜，种豆得豆"，胡适也说："要想怎么收获，便先怎么栽。"

如何做功德

虽然社会事件层出不穷，或抢、或偷，无恶不作的事不断在媒体上报道，但是仍然有许多人，希望能做一点好事、发一点善心、做一点功德，与人广结善缘。功德的范围很广泛，"如何做功德"有四点：

第一，以物质金钱来做功德

过去佛教设有磨坊、当铺，乃至施茶、修桥等，以利益众生；近年来，佛教徒也会以物质金钱做功德，支持各地道场发挥弘法利生的功能，如举办文教活动、慈善救济等。另外，现代人工作忙碌，不仅参加各种公益活动，有的人也会把平时的储蓄挪出一部分，作为善款布施；或以物质资助生活上有困难的人。小小布施，对布施者而言，不算什么大事，但如同"贫女点灯"一般，一钱布施，同样获福无量，功德一桩。

第二，以服务奉献来做功德

所谓"有钱出钱，有力出力"。今天社会上，有一种善良风气是很可贵的，即不少人会到各个机关团体去担任义工，到医院里做义工，到寺院里做义工，甚至到学校里担任爱心妈妈；到沙滩、山林、公园里、大街小巷去扫地、清理垃圾等等，都是以服务奉献来做功德。

第三，以语言赞美来做功德

有钱，用得不当会造罪；出力，你出力、他出力，也没有那么多事情可以做；因此，比出钱、出力更高一层的功德就是语言赞美。说好话不怕多，一家说好话，家庭和乐；人民说好话，国家安定；全世界的人都说好话，世界则能祥和欢喜。在众多功德中，以语言赞美最为重要，例如普贤十大愿中的"称赞如来"；佛弟子以梵呗唱诵赞叹佛法僧三宝；甚至每部经后面都有一段"欢喜赞叹，信受奉行，作礼而去"等字句；释迦牟尼佛比弥勒菩萨早成佛，就是多修了赞叹功德。不必花任何金钱、力气，就能做功德自利利他，是多么经济实惠。

第四，以心意祝福来做功德

或许你说我没有钱，不会做事，也不会说话，没关系，别人做好事时，我心里欢喜，就是最大的功德。在所有功德中，以心的祝福，功德最大，因为物质的布施功德，是有形、有相、有量、有边的，而心的祝福却是无形、无相、无量、无边的。比方说："在三宝加被下，希望你健康快乐""诚心希望你福慧双增"等，乃至别人做功德，我们心存欢喜赞叹，这也跟对方一样具有同等的功德。

因此，做功德不光以金钱布施为第一，要能有所提升。

如何佛光普照

这世界上，黑暗需要光明，动荡需要安稳，苦难需要喜悦，烦恼需要解脱，才能获得幸福安乐。维摩诘居士说："随其心净则国土净"，要创造这样的人间净土，有赖于我们建设美好的身心世界，散播慈悲，广结善缘，让佛光普照世间。如何佛光普照呢？

第一，广作宣传，让人了解

现在的社会里，公司行号开幕、公职人员选举、文物图书流通，乃至各级学校招生等等，都要靠宣传。其实 2 500 年前，佛陀就重视宣传功能，所谓"出广长舌相，遍覆三千大千世界"，无一不是让众生了解真理，同沾法益。如今，我们更要将正信宗教的清净、善美、利行，借宣传之力广为弘传，接引大众入正法，提升心灵建设，促进社会净化。

第二，举办座谈，增加沟通

在佛教里，许多的经典，都是由佛陀与诸弟子的相互问答中产生。现在更是一个民主的时代，光是一味要求别人听自己讲话，不但不能引起共鸣，也提不起他人聆听的兴趣。

只有座谈，是增加沟通、凝聚共识的最好方法。从座谈中，学习倾听他人的意见中，了解他人的需要、尊重别人的看法；从座谈中，学习表达意见、协调，进而解决问题。借由座谈，增进人与人的互动沟通，扩大自己的视野。

第三，家庭普照，主动争取

以往想要听闻佛法，都要跋山涉水到深山古寺请益。如今，家庭普照的方式，可以邀请左右邻居、亲朋好友一同参与，在没有距离的交谈、没有讲演的拘束中，谈论佛法、联络友谊，彼此交换心得、信息，把佛法融入生活，带进家庭，带给亲友，在佛法的体验中，增加信心，达到净化身心之效。

第四，扩大服务，利乐领导

印度佛教时代，佛陀与诸弟子借由行脚托钵的方式，深入社会，了解民情，为众说法。如今，我们更要扩大服务、利乐有情。明朝优昙和尚说："外则修福，慈悲方便，柔和善顺利济世间。见一切人，平等恭敬随机说法，教化众生行一切善。"借由参与福利社会之事，如爱心妈妈服务、急难救助、友爱服务、医院义工、考生服务，甚至交通服务等等，不仅扩大一己生命的价值，也接引了同样热心善良的人一起行善，增进社会温馨、善美。

所谓"人能弘道，非道弘人"，大家以上述四点方法，敞开胸怀、主动付出，必定能够让"佛光普照三千界，法水长流五大洲"。

苦行的次第

　　大半的人都喜欢尝甜头，不喜欢吃苦头。可是，一个人的成就，常常都是从血汗、辛苦、委屈、忍耐、受苦中，点滴积累而成。像读书人要经过"十载寒窗无人问"，才会"一举成名天下知"；科学家经年累月在实验室研究，种种实验、忍受失败，一次又一次重来，等到发明了，甚至得奖了，可以造福人类苍生。一般学技术，至少要三年辛劳才能出师，而宗教家从淡泊中陶冶自己、磨炼自己，也要经过好几年的养成，这些都是一种苦行的精神。苦行的次第有哪些呢？

第一，身体的劳顿

　　孟子说："天将降大任于斯人也，必先苦其心志，劳其筋骨，饿其体肤，空乏其身，行拂乱其所为，所以动心忍性，增益其所不能。"意思就是先磨炼这个身体，让它劳苦。像在佛教里，拜佛，一拜就是几百拜、几千拜，一坐，就是盘腿几个小时，乃至煮饭扫地，一做就是多少年。身体上的劳顿，可以增加心性的力量。

第二，口腹的饥渴

　　身体劳顿以外，有时候还要忍受肚子饿，口里渴，没有好的吃、没有好的喝、没有好的穿、没有好的睡，能忍受得了口腹饥渴，可以增加精神毅力与耐力。佛教不执着无谓的苦行，但适度地勤苦、忍耐，也是祛除烦恼、舍离贪着的法门。

第三，逆境的承受

所谓"道高一尺，魔高一丈"，无论学习、修行，到了一个阶段，常常有一些不顺的境界会来考验，你要能承担、要能承受，承受得了，你就能突破，更上层楼；千万不能灰心丧志，不能怨天尤人，不能退失信心，否则功亏一篑，那就可惜了。

第四，有无的喜舍

喜舍是一件美好的事，可以自利利他，增添人间善美。尤其人的一生里，有把东西布施给人的经验，你更会体会到它的美好。"有"的时候，要能喜舍，"无"的时候，虽然自己都穷困了，更要能喜舍，甚至我的器官，都可以毫不吝惜地喜舍布施，会有不同的境界。

所谓"不是一番寒彻骨，怎得梅花扑鼻香"，苦行是每一个人成功的必经过程，无论是什么人，都应该接受苦行的磨炼。正如松柏必须受得了霜寒，才能长青；寒梅必须经得起冰雪，才能吐露芬芳。如果不经过苦练、不经过苦磨，是不能成功的。

以上四点苦行的次第，可以作为我们自我训练、自我成长的方法。

修行的境界

在台湾，信仰佛教的人很多，甚至于世界上，信仰佛教的人口也慢慢在增加。我们常会听到人家说：哪个人很有修行、哪个人很有境界……所以，信仰佛教最重要的就是修行，要将佛法落实在生活中，才能获得佛法给予的利益。"修行的境界"有四点意见：

第一，念佛要念得与佛同在

佛，不只有西方极乐世界的阿弥陀佛，也不只有 2 500 年前在印度菩提树下金刚座上成道的释迦牟尼佛。人人皆有佛性，不管你念的是哪一尊佛，都要期许自己能念到"佛就是我""我就是佛"的境界，念到与佛同在，则一切烦恼尽皆消除。憨山大师说："念佛容易信心难，心口不一总是闲；口念弥陀心散乱，喊破喉咙也徒然。"因此，念佛要有信心，念到物我合一，就能与佛心接轨。

第二，拜佛要拜得与佛共存

拜佛，拜什么佛呢？拜本心的佛。拜佛要把自己内在的佛性拜出来，才能升华心灵；拜佛要将佛祖拜到心中，才能与佛交流。礼拜虽是拜在地上，但是人格尊严从此更升华。心中有佛，眼睛所见、耳所听闻都是佛法；心中有佛，行住坐卧都能如佛的庄严威仪。

因此，拜佛要将欢喜心、清净心、慈悲心拜出来，才能与佛共存。

第三，布施要施得你我泯灭

人生存在世间上要懂得布施结缘，不但自己有欢喜，还要将欢喜带给别人；不但自己有能力，也要助别人成就。布施的时候，心中不能存着"我是能布施的人""你是接受布施的人"的想法，如果存着这样的想法，就有我大你小、我好你差的偏见了。所以，布施要施得你我平等，没有你我的分别观念存在，才是施得你我泯灭。

第四，参禅要参得真性现前

参禅修定是佛教的重要修持法门，透过禅定的功夫，可以显发人人本具的真如佛性。不管是打坐，或是搬柴运水、穿衣吃饭都能参禅。参禅若能参得明心见性，就是找到自己、认识自己了。因此，参禅的人要有智慧、要有灵巧，心中要能包容万有，才能参得真性现前。

修行不能只是嘴上说说而已，要付诸实践；有行动，才有因缘与佛心相应，也才有所谓的"修行境界"。

境界来临时

我们每天张开眼睛后，生活的二六时中，总会面临许多不圆满的境界，欢喜或不欢喜，高兴或悲伤，总会惹得我们身心纷扰难安。究竟临事对人时，应抱持怎样的态度呢？以下四点提供参考：

第一，出口伤人时要懂沉默

孙子云："伤人之言，恶如利刃。"恶口如同一把利刃，不仅刺伤他人，也割伤自己。因此，说话应懂得恰到好处、适可而止，切莫因失言而取祸。相对的，面对他人恶言相向时，也要懂得沉默。沉默不是消极的抵抗，而是背后必有平静的勇气相伴，所以不会与之共舞。《荀子》有云："言而当，知也；默而当，亦知也。"当沉默时应沉默，勿逞一时之快，酿成更大的伤害。

第二，对方无理时要能容忍

人我相处上，不免遇上无理的人，这时唯有容忍以待，才是最上策。《愿体集》说得好："世间无一处无拂意事、无一日无拂意事，惟度量宽宏，有受用处。彼之理是，我之理非，我让之；彼之理非，我之理是，我容之。"诚然如是，对无理的人，何妨多些宽谅，多些容忍呢！

第三，别人受难时要能体恤

佛教经典中，时常见到佛陀对卧病的弟子端药倒茶，对愚笨的盘特关怀爱护，雪中送炭的关心，总能让人得到鼓舞，振奋心志。所谓"贫在闹市无人问，富在深山有远亲"。锦上添花固然有它的需要，然而体恤受难、失意、挫折的人，给予一臂之力、一句鼓舞的话、一些适时的探望，无疑是给予对方一剂强心针。

第四，不幸来临时要有勇气

生命中必定有挫折、灾难时，在怀忧丧志时，在失落沉闷时，沮丧、不幸时，何妨来反思一下，如何提振信心与信念。古德有言："从地倒还从地起，十方世界任悠游"，挫折来时，提起勇气不畏缩，发心立愿不放弃，勇敢面对境界，问题就能迎刃而解。

做人处事向来是一门难修的课题，也正如此，可以考验我们内心面临境界的力量有多少。能退一步的人，他的世界必定宽广；能为他人着想的人，定能赢得大家的尊敬；抱持"你对我错、你大我小"的态度，则事事自能化险为夷、转危为安。以上四点，是境界来临时面对的好方法。

如何超脱

每个人都希望能够超越束缚，比方说小时候希望赶快长大，在学校读书希望快点毕业，进入社会则冀望能够升官、发财。于是，有些人会觉得自己的一生，都被世间的课业、名利、金钱、感情等种种枷锁紧紧束缚，不能自在。如何超越这一切呢？

第一，勘破生死，就没有恐怖

人有生老病死，世界会成住坏空，这是天地万物运行的常道，因此，生死是人人都免不了的问题。尤其面对"死亡"，大多数的人都因未知而恐惧，或者以"不知生，焉知死"，来拒绝谈论。其实死亡如机器的汰旧换新，四季的递嬗转化，尽管肉体会衰败，高贵的精神情操，却是永远不死的，若不能了解生死痛苦的原因，并以正确的态度面对生死，自然无法"远离恐怖"了！

第二，勘破荣辱，就没有得失

人活在世界上，必定要面对荣辱得失的考验，得意时固然尊贵荣耀，一旦失意也不必患得患失、自我否定。禅门偈云："风来疏竹，风过而竹不留声；雁渡寒潭，雁去而潭不留影。"世间荣辱贵贱无常，对荣辱太计较，就受荣辱所牵制；对得失太计较，就被得失所桎梏。禅者知道荣辱苦乐的虚妄性，所以，毒箭恶语伤毁不了，毁誉荣辱动摇不了，而能"八风吹不动"，悠然自在，放旷逍遥。

第三，勘破贵贱，就没有分别

嫌贫爱富、希贵恶贱，这是人之本性。对贫富贵贱有那么多的分别妄想，就不容易安于本分，日子当然不会好过。我们不能以外在条件来衡量生命价值的高低。只要自己肯进德修慧，勤劳上进，人格自然高贵富有了。

第四，勘破利害，就没有颠倒

我们生活在世间，总是有利也有害，大部分的人得到利益时很欢喜，有了一点伤害或吃了一点闷亏，就烦恼不已；每天在利害得失里七上八下，不能安住。如果我们能以平常心，面对迎面而来的利害关系及各种人事物，就能远离颠倒妄想，而获得内心的安定。

荣辱、名利、得失、欲望就像一个过重的皮箱，把它放下，才能得到轻松自在。对世间很多事情，我们要学会参透、看破，能够做到生死不恐怖、荣辱无得失、贵贱不分别、利害不计较，才能够超脱，才能得到快乐。

何谓威仪

佛陀三十二相、八十种好，摄受众生，菩萨身相庄严，为人敬仰，甚至佛经中记载比丘相貌合仪而度人修道，由此，佛门非常注重威仪。所谓"举佛音声慢水流，诵经行道雁行游；合掌当胸如捧水，立身顶上似安油。瞻前顾后轻移步，左右回旋半展眸；威仪动静常如此，不愧佛门修行人。"足见个人行仪可以展现内在的气质与德行。何以称得威仪具足？有四点：

第一，衣冠必整

孔子说："君子不可以不饰，不饰无貌，不貌无敬，不敬无礼，无礼不立。"中国人的穿着观念里，视衣冠为礼仪象征。所谓"人靠衣装，马靠鞍装"，仅仅一袭衣裳，足以显现人品和地位。尤其在今日社会，与人往来，参加集会，"正其衣冠"更是一种礼貌。反之，穿着邋遢，不修边幅，不但有失礼仪，也无法获得他人敬重。

第二，容貌必庄

所谓"女为悦己者容"，每个人都希望自己容貌端庄，获人青睐。面容皎好，固然吸引众人目光，但是有德、善行，更甚于美貌。佛陀时代，玉耶女自恃貌美，而骄慢对人，后蒙佛陀教诲，成为品德端庄的女性。《佛遗教经》云:"惭耻之服,无上庄严。"常常反省,心行端正,具贤德,知感恩,自然散发出高雅的气质与风范。

第三,步立必正

佛门威仪中,站立时要"前八后二",是一种稳重的姿式;《弟子规》中教导修道者"步从容,立端正",是强调行仪的养成。所谓"相由心生",走路太匆忙,反映出自己的耐性不够,站立时东斜西歪,则被视为轻浮。若行得正,步立必正,不但威仪十足,也是流露自己的素养与内涵。

第四,视听必端

与人交谈,视听端正是尊重对方的一种表现。假如目不正视、耳不谛听,容易为人所诟病。西谚有云:"显贵的人,总是思想崇高和举止优雅。"《颜氏家训》也说:"目不斜视,耳不妄听。"能够视端正、耳善听,堪称君子所为,众人也必投以好感与尊重。

与人见面,第一印象重要,"诚于衷,形于外"更是要紧。外表威仪,内在也要具足挚诚、平静、善美。因此,平日行住坐卧,身心语默动静,应时时自我观照,从而培养内在的美德,自然流露于举手投足之间。

佛魔之别

世间是个"一半一半"的世界，佛的世界一半，另外一半是魔的世界。就如同地球上也是白天一半，黑夜一半；善人一半，恶人一半；男人一半，女人一半。不管任何好好坏坏、是是非非，彼此都是"一半一半"。

孟子说："人性本善"；荀子说："人性本恶"。其实人性也是一半一半，而且经常处在佛魔交战的状态。人性中的佛与魔，其中的分别往往只在一念之间；修行就是要开发我们善的佛性，不受另一半魔境所影响。关于"佛魔之别"，有四点说明：

第一，一念疑是魔，一念悟是佛

一个疑心病重的人，除了无法信任别人以外，对自己往往也没有自信，甚至无法接受真理，因此生活中除了经常造作恶业之外，也常因"疑"而烦恼重重。相对的，因你常对别人不信任，别人也无法真心诚意地与你交往，甚至会因彼此的疑，而造成误会、争执，以及自己学习上的障碍。法然大师说："生死之家，以疑为所止；涅槃之城，以信为能入。"所以一念疑是魔，一念悟是佛。

第二，一念染是魔，一念净是佛

王阳明说："心者，天地万物之主也。"当一个人的心有所染污的时候，他的世间就是一个充满憎恶、觊觎、傲慢、虚伪的世界；相反的，如果一个人的心是清净的，他的世间就是一个充满慈悲、喜舍、安详的世界。如俄国作家托尔斯泰说："心灵纯洁的人，生活充满甜蜜与喜悦。"所以一念染是魔，一念净是佛。

第三，一念痴是魔，一念明是佛

人为什么会造作恶业？因为一念"痴"。赫尔利说："贤愚的分别，是在一个人的心念，不在一个人的贵贱。"愚痴，让人不明真理，不辨正伪，不知善恶，不分是非，所以愚痴是人类的根本烦恼。愚痴之可笑，如"削足适履""挖肉补疮"等，都是因为"痴"所造成的错误。庄子说："大惑者，终身不解；大愚者，终身不灵"；人除了要相信因果、充实知识外，更要见他人之过，正己之错。所以一念痴是魔，一念明是佛。

第四，一念邪是魔，一念正是佛

宋朝朱熹说："心之所感有邪正，故言之所形有是非。"一个人的心念是邪的，其所表现出来的言行举止，必定是贪赃违逆、渎职淫恶之魔事；心念正，则所言所行都是光明磊落，不离正道。韩愈说，一个人"欲修其身者，先正其心；欲正其心者，先诚其意"。因此，一念邪是魔，一念正是佛。佛与魔的分别，虽然只在一念间，其结果却有天壤之别，足堪我们慎思。

成果与因缘

世间上的人，有的人能成事，有的人只会败事；败事当然有败事的原因，成事也有成事的代价。例如看到植物开花结果，就想到必然有人播种造因；看到有人慈悲为善，就想到将来会有美好的结果。一个人的成功，都得之于艰苦的磨炼和砥砺的功夫，世间没有不劳而获的成功。那么成事的代价是什么呢？有四点因缘：

第一，若要成功，就要进取奋斗

有人说："失败为成功之母，奋斗是成功之父。"人人都想成功，但"成功"不是凭空而得，也不是别人所能赐予，而是要靠自己积极进取、努力奋斗而来。没有辛苦的耕耘，那有丰硕的果实？放眼古今中外，举凡名人贤达的卓越成就，都是因为进取奋斗而成功。

第二，若要财富，就要播种耕耘

人都希望发财，但是田地里不播种、不施肥，怎么能开花结果？怎么会有收成？所以要想发财致富，必须要播种耕耘，将本求利。所谓"君子爱财，取之有道"，切莫不择手段，贪图不义之财；不是自己耕耘所得，就不是你的财富！

第三，若要明理，就要广学多闻

有人希望聪明，有人希望知识；知识、聪明，都要经过学习，积累而成。不肯用心揣摩，没有听闻学习，如何能通达事理？不去研究推敲，怎么会有所得？"为学应如金字塔，要能广大要能高"，高深的学问，都要靠平时多闻与见识；"不是一番寒彻骨，怎得梅花扑鼻香"，要下过一番苦功，才有一番进境与体悟。

第四，若要和乐，就要彼此包容

人在社会里生存，若不懂得群居之道，不懂得和乐处众，则很难在社会立足。与人相处要和谐、尊重，彼此要包容、互助、迁就、谅解，如此才能成为知己！"一手独拍，虽疾无声"，凡事都要有人呼应，才能成功。与人相处和乐无争，则到处都有通路；给人善缘助成好事，才能成就自己的事业！

佛教讲："有如是因，必得如是果。"今天的收获是昨日的播种与经营；没有经过春耕夏耘，如何能有秋收冬藏？因此，一个人之所以成功必有成功的原因；之所以失败也必然有失败的理由。

了解缘起

近年来，一些报章杂志、书籍里屡屡谈到"缘起"。《大乘起信论》云："诸佛法有因有缘，因缘具足，乃得成办。""缘起"是佛陀究竟的体悟，不能完全将它当成知识或哲理来研究。"缘起"需要在日常生活中修正、体会、深观才能证知。了解缘起能有四点体认：

第一，能建立感恩的美德

"缘"就是相互共生的关系。如果没有父精母血的生养之恩，我们无法成人；国家没有稳定的政治，我们无法安全地生活；没有师长的教育启发，我们无法成才；没有各行各业日用所需不虞的供应，我们无法快速便利地生活。我们每一个人的存在，都要仰赖众人给予因缘，所以要感谢大众给我们的恩惠、助成。

第二，能培养随缘的习惯

万物的生成，需要仰赖缘起，因此我们不可以违背因缘行事，凡事随缘随分不强求，顺着真理生活。比方说生活作息正常，不颠倒；与人沟通，能随顺不同根性，顾念对方的立场；做事的态度上，能顺应原则，不违事理。随缘不是随顺习性、情绪，而是积极努力安住在每个当下，如此就能顺理成章，水到渠成。

第三,能拥有希望的未来

佛教常讲"未成佛道,先结人缘",结缘好比播种,种子下得勤,收成自然丰厚。有的人只要遇到困难,就会有贵人适时相助;有的人不怕给人利用,有好东西也不怕给人分享,所以总能得到好的机会,前途自然宽阔平坦。由此可知只要平日广结善缘,不怕未来没有机会。

第四,能了悟真实的人生

懂得缘起,能使我们觉悟人生实相是生命之间相通互成、彼此依存的道理,是累劫以来无数的因缘所成。菩萨行者能深观缘起,而了悟众生即我,我即众生,所有自他的存在都离不开因缘,所以能怨亲平等地将小我融入大我中,而体现"自他一如"的美妙。

人类是社会性生物,以相互依存的生活方式维持心理及生理的健康,并且相互寻求帮助,来减轻面临自然、生命变化所带来的痛苦。我们常说人生"有缘千里来相会,无缘对面不相识",了解缘起的可贵,把握当下,建立好因好缘,自然能有不同的人生景况。

福报哪里来？

常常有人羡慕：某人的福报真好，家世风光，子孙多又孝顺，要金钱有金钱、要爱情有爱情、要事业有事业、要官位有官位；为什么他什么都美满？我怎么什么都要不到？是不是上帝偏心，把世间所有的好运都给了他？其实，福报不是神力可给予的，福报是自己努力得来的。怎样才能有福报呢？

第一，勤俭节约

有的人虽然家财万贯，由于浪费奢侈，不懂节约，最后免不了穷困潦倒。周武王曾感叹："像纣天子这般奢华，竭天下之财以穷己欲，安有不亡国者！"相反的，有些人勤劳节俭，所以福报随之而来。

第二，善因好缘

有的人，事不关己绝对不过问，不与人结缘，当然也不会有好运气。有的人，只要行有余力，就热心助人，也不希求他人回报，但是好运都会降临，让他平安顺遂。想要有福报，必须先播撒福报种子，比如积极参与利益大众的善事，热心助人等事情，所谓"助人者，人恒助之"，多种一点善因缘，就是修福报的方法。

第三，慈悲喜舍

一个人有多少福报，可以由自己决定。《阿含经》记载，有一位小沙弥，本来应该夭寿的，因为一念慈悲，救了许多受困水塘的蚂蚁而延寿。一念善心，可以消除罪业；一念慈悲，能够增加功德。有人"拾金不昧"而获得福报，有人"不贪不义之财"而得到善缘，有人"救苦救难"而消灾免难，可见能够慈悲喜舍，福报就会到来。

第四，吃亏奉献

许多人害怕自己的利益受损，不愿意吃亏，那是心胸不够宽广。吃亏奉献是一种无私的、真心的付出，是一种欢喜的、不求回报的道德行为。如果我们常抱持着你是好人、我是坏人，你是对的、我是错的，你很伟大、我很渺小，快乐给你、苦恼给我，富有让你、贫穷我受的态度，尊重对方，处处为对方着想，必能获得对方由衷的敬爱。

不必羡慕别人的福报比我大，也不必研究别人的福报从哪里来。已经种下勤俭、结缘、喜舍、奉献的种子，自然能收到福报的果实。

菩萨的行为

什么叫作菩萨？菩萨是有修行、有觉悟的人。菩萨不是往生以后有道德的才能成为菩萨。人人都可做菩萨，只要肯利益社会大众，以自己的能力、知识帮助他人，满足众生需要，当下就是菩萨。菩萨的行为有四个特点：

第一，于菩提心永不退失

所谓"菩萨"，就是要发心自利利他、自觉觉他。不过，所谓"善门难开、好人难做"，在弘化度众的过程中，并不是事事都能顺利，但是发菩提心的菩萨，能够安住于四不坏信、大悲誓愿，以及般若空慧的大乘正道中，自然就能道心不退。

第二，于诸众生常无舍弃

行菩萨道的人度众生时，不分各个国家、不分种族、各行各业，他一概不会舍弃。他不会说我只度中国人，不度外国人，我只度这个地方，不度那个地方，如《金刚经》所言："所有一切众生之类，我皆令入无余涅槃而灭度之。"菩萨能够如实观照，无分别智，对于一切众生都是平等、不舍弃的。

第三，一切善行从不餍足

《陀罗尼杂集》云："菩萨有四大事：心如大地、心如大海、心如桥船、心如虚空，能长养一切善法，能包容一切差别，能启发一切欢喜，能成就一切因缘。"菩萨对于一切的好事、善事不会满足，慈悲愈多愈好、道德愈多愈好、善事愈多愈好，他不会昨天才布施，今天就不布施了；昨天才帮的忙，今天就不帮了，对于善行，他永远不会厌烦。

第四，护持正法起大精进

对于正信的宗教，我们要护持，三宝弟子的责任是护持正法，为佛教贡献心力、物力，譬如支持佛教教育事业、培养佛教青年等，对于毁谤三宝者，要能挺身辩解，要有"佛教靠我"的信念。胜鬘夫人发十大誓愿护持正法，饶益众生，被佛陀授记为普光如来。护法等于护持一块福田，精进播种，必能开花结果。

想要成为菩萨，必须培养和具备菩萨的性格，禅门大德云："欲为诸佛龙象，先做众生马牛。"菩萨不是呼风唤雨、点石成金的神仙，也不是泥塑木雕的偶像。有心趋向觉道，肯乐于结缘，为众生服务的人，就有资格称为菩萨。

戒的利益

现在是一个讲求"自由"的时代，有人好奇：为什么有人愿意求受佛教的戒法，那不是给自己束缚吗？其实，佛陀在制戒之初，宣说制戒的十大利益，戒的精神在自由，而非束缚，能够真实认识戒律，进而受持的人，就能享有真正的自由。受戒的利益很多，有以下四点说明：

第一，戒如甘霖解除干旱

《大乘义章》云："言尸罗者，此名清凉，亦名为戒，三业炎火，焚烧行人，戒能防息，故名清凉。"众生因为久远以来受无明习气的影响，常在烦恼的热火中不能出离。持守戒法，就如同领受甘霖雨露一样，能够解除我们心中无尽的欲望，熄灭烦恼火焰，得到滋润。

第二，戒如丛林庇荫依靠

丛林里，林木蓊郁、古树参天，不但能庇荫路人享受清凉，各种飞鸟、走兽，也欢喜聚集在里面，谋求安全的依怙。《四分戒本》言："戒又名清凉，遮热烦恼令不入故。"所谓："大树底下好遮荫"，"戒"就如丛林一般，能够让我们得到安全与清凉。

第三,戒如地图指引方向

戒律像地图一样,能够正确清楚地指引我们,知道未来的方向在哪里。例如,持五戒可以来生做人,守十善业可以上升天界,享受福报,受菩萨戒未来可以做菩萨,饶益自他。因此,不论是人生或者修行路上,我们都需要戒的指引,才不会迷失方向而误入歧途。

第四,戒如巨筏引渡迷津

生死如大海深渊,如果没有船筏的引渡,众生要如何才能安渡彼岸,不会被海浪吞没呢?《心地观经》云:"渡生死河,戒为船筏。"能够守戒不作恶而造善业,自然能安渡业海,到达清净极乐的彼岸。

戒是善法的基础,是身心依止处。《七佛通戒偈》云:"诸恶莫作,众善奉行。"家庭成员守戒,家庭就会和乐幸福;全民百姓守戒,社会就会安宁富饶;人人守戒,世界就能和平大同。

戒,不但能使我们远离恶性,得大自在,更是我们转凡为圣的要门。

如何解脱生老病死

生老病死是每个人最大的无奈，所谓"如人饮水，冷暖自知"，没有人可以代替，无人能帮助。既生之后，不可避免地要面对老、病及死，不管高官巨富，还是贩夫走卒，同样要公平地接受。生老病死既是不可避免之事，如何不让生老病死束缚，而且还能在生老病死里逍遥自在，跳脱生老病死的框框，是人生最值得学习的本领。在此提出四点看法：

第一，生是前世的造作，要去改进

大部分的人对于自己的"生"，毫无选择的余地，时间、地点、家庭、父母，都是被动的。可是，依佛教义理说，每一个生命都是果报，正报（美丑、智愚等自身条件）和依报（环境、家庭、父母等外在条件）好不好，受自己前世的行为造作的影响。因此，"生"其实还是可以自己作主的。来生的质量就由今生的作为来改良。

第二，老是无常的定律，要去接受

老是自然现象，世间上哪样东西不在岁月里老化？变异不停地老化就是无常的示现，无常是世间唯一的常态。要接受自己由耳聪目明的青壮少年，逐渐成为眼花耳背的佝偻老人，接受自己的容貌由鲜妍丰腴转为鸡皮鹤发。体力随着年龄渐增而衰弱没关系，重要的是智慧、慈悲能随着年龄渐增而长进。

第三，病是必然的现象，要去承担

人吃五谷杂粮难免会生病，要勇敢承担。祖师大德说："修行常带三分病"，有病才会发道心，有病就会更珍惜自己所拥有的好因缘，也会更加体会众生的苦难。身体病了除了医药，也要自己留意起居；心理病了，更要发奋做自己的医师，把心理重建起来。

第四，死是神识的流转，要去面对

死亡不是没有，是移民到另外的世界，所谓五趣流转六道轮回。我们看到亲朋好友移民到国外，都会为他饯行；面对自己或亲朋好友舍去这个已不堪用的色身，也不需悲伤，或许借此能换个更好的色身，或移民到更好的世界去。滔滔江河水奔赴大海，再蒸发成气、成雨，又下到这个地面来。人的生命也是如此流转不停，又有何惧？

人的生命是永不停止的学习过程，只要能改进、接受、面对及承担自己的生命，又何惧生老病死？

去除无明

无明是指内在贪嗔痴的精神作用，它会障蔽我们的清净本性，让我们对世间事物不明白，而产生种种分别、计较、不安的烦恼。《杂阿含经》说："贪欲永尽，嗔恚永尽，愚痴永尽，一切烦恼永尽。"去除一分无明，就能除去一分烦恼，要如何去除无明呢？有五种方法：

第一，以喜舍对治贪欲的洪流

"贪"是对五欲、名声、财物等没有餍足的精神作用。语云："世间痴人为贪欲所役，为贪欲所缚，用现世不得脱诸畏，后世亦不得脱，以是故诸苦为欲。"经典也以洪流来比喻贪欲，可见它的过患和危险。只有常怀喜舍之心、淡泊之心，才能知足常乐，才能解除贪欲执着之苦。

第二，以谅解息灭嗔恨的火种

经典有喻，嗔心如火，烧得众生热恼不已，身心无法安顿；谅解则是给予包容、空间，是一种同体慈悲。蔺相如谅解廉颇的心情，一再退让，感得对方息去怒火而"负荆请罪"；老和尚谅解禅堂小偷的慈悲用心，让禅堂的住众放下嗔恚，也感动当事者"回头是岸"。

把身心安住在谅解上，事情会有转圜余地，世界也会更宽广。

第三，以智慧照破愚痴的暗夜

愚痴的烦恼，使得我们心中闭塞，暗愚迷惑，不能下一适当判断，也无法明了真相。佛教以"灯"比喻智慧，所谓"千年暗室，一灯即明"，七里禅师以一句"他谢过了"，让小偷开启内在的灯光，不再偷窃；马祖道一质问一句"为什么不射你自己"，点拨猎人放下弓箭，不再杀生。内心多一分智慧，愚痴无明就少一分。

第四，以谦虚铲除我慢的高山

所谓"我慢山高，法水不入"，一个人心生骄慢，与无明相应时，傲视一切，却看不到自己的缺点。在拿破仑的"字典"里没有"难"字，却无法征服慢心，滑铁卢一役，终致大势已去；项羽虽"力拔山兮气盖世"，刚愎自恃的结果，最后也只能慨唱"时不利兮骓不逝，骓不逝兮可奈何"。人在高位时，更应有谦虚胸怀。

第五，以信心撤离疑虑的屏障

《华严经》云："信为道元功德母，长养一切诸善法。"信心是一种远离怀疑之清净心，能断除疑虑的屏障。因为有信心，富楼那尊者不畏输卢那国人民顽劣，发愿弘法，教化众生；因为有信心，玄奘大师"宁向西天一步死，不回东土一步生"，西行求法，为教为人。有了信心，就能不怕困难挫折；有了信心，就能走向光明大道。去一分无明，证一分菩提，这就是"转烦恼为菩提"。

生死的意义

人自出生后，就有生命，就会面对生死。其实，人也不是父母生养我们才有生命，在没有出生以前，本来就有生命，只因隔阴之迷而忘记了，因此禅师一生参究"什么是父母未生前的本来面目"，来找寻生死的答案。此外，也不是老病以后就死了，就算死了，也死不了，因为死的只是躯体，生命还是会流传下去，如同薪尽火传，生命之火不曾熄灭。不过，生死的现象有很多种意义，说明如下：

第一，身体上的生死

我们这个身体，从出生到老、病、死，都在不断地生死。生物学家说，人身上的细胞，在一周之内，都会全部更换，表示这身体所有的细胞都死了。旧的细胞死了，新的细胞再生，因此，这个身体是不断地生生死死，死死生生。

第二，苦难上的生死

人一出生，就是一种责任，在世间上，无论你拥有高官厚爵，或享有荣华富贵，从佛法来看，都是一种责任、一种苦难。所谓"爱不重，不生娑婆；念不切，不生净土"，众生由于业力，来到人间承受苦难的业报，再怎么健康，会有衰老的时候；再怎样富有，会有失去的一天；物质上再丰厚得意，内心不满足，也不会感到幸福。因此，如何弥补人间的苦难，在面对苦难的生死，而觉得不苦不难，能安然处之，生活泰然，就能超越苦难的生死。

第三，思想上的生死

人生中，我们经常有不明白的时候，如果能够把一个无明想通，把一个烦恼解决，把一个想法贯通，"我明白了""我想通了""我懂了"，这就是一种思想上的生死。因此，我们在思想上，也是不断地生生死死。甚至古人说："苟日新、日日新、又日新"，梁启超的名言："今日之我，不惜与昨日之我宣战"，美国教育家杜威的"重新估定一切价值"等等，这些都是思想上生死的超越。

第四，悟道上的生死

觉悟是生命疑惑获得解答，生死烦恼获得解脱。在悟道里，也有不同的层次。比方你对某一件事，不能只是"我知道了"，你还要对彼此的因缘关系都能了解。乃至你只是"知道"，也还不够，对世间的关系，都懂了，都通彻了，才是究竟。就像禅门悟道，它是活水长流，每天有很多的小悟，集很多小悟、中悟，忽然有个恍然大悟，对于"生从何来，死将何去"都了然于心，再也无惧生死。这就是悟道层次上的生死。

了生脱死

在佛教里，你问许多佛教徒："为什么要信仰佛教？"很多人会回答："要了生脱死。"问他："为什么要修行？"他也会说："要了生脱死。"可是，你再问他："什么叫了生脱死？""你看过哪一个人了生脱死了吗？""了生脱死以后，你要到哪里去？"恐怕就很难有人回答得出来。其实了生脱死并不难，怎么样才是了生脱死呢？有以下四点意见：

第一，要生活满足

不管富贵、贫穷、多少、得失、荣辱、高低，在生活上，遇到各种境界，我能认识，我能接受，我能处理，我能化解，我能感到很满足，没有生存的畏惧，没有生存的烦恼，内心很安然、很喜乐，这就是"了生"。

第二，要死而无畏

面对死亡时，我不畏惧。我不怕以后是否会下地狱、会受什么苦难，为什么？因为我知道自己的行为。所谓"预知来世果，今生做者是"，我可以为自己的行为负责，知道现在怎么做，未来会有什么结果，只要我不做坏事，就不怕会有不好的情况，也不怕没有不好的未来。所以面临死亡无有恐怖，心中无畏，就是"脱死"了。

第三，要余力助人

生死之外，人会有自己谋求生存的力量。当你还有余力时，要做什么呢？帮助别人、帮助世间、帮助社会。佛经云："菩萨发心，自己未度，先度他人。"在有余力帮助他人、成就对方的时候，你就是造福了别人，造福了人群，甚至造福了社会，也逐渐完成了自己。

第四，要德荫他人

你有了"了生脱死"的修养，"了生脱死"的认知，你必定是一位有品德、有善念的人。假如你有德，事事想到"人外有人""此处之外，还有他方"，就要把自己的道德、智慧、事业，都能庇荫他人、贡献他人、利益他人，让别人和我一样，获得解脱生死的喜悦。

"了生脱死"是人生的大问题，但是，要重新认识它的定义。面对生命的本体、生死的相状、生活的运用，可以把这"体、相、用"了解透彻，加以落实，那么，现生就可以"了生脱死"了。